AF150694

Klaus Pinkas

glauben macht blind

Yoga gegen die geistige Blindheit

novum pro

www.novumverlag.com

Bibliografische Information
der Deutschen Nationalbibliothek:

Die Deutsche Nationalbibliothek
verzeichnet diese Publikation in
der Deutschen Nationalbibliografie.
Detaillierte bibliografische Daten
sind im Internet über
http://www.d-nb.de abrufbar.

Gedruckt in der Europäischen Union
auf umweltfreundlichem, chlor- und
säurefrei gebleichtem Papier.

© 2024 novum Verlag

ISBN 978-3-99146-751-9
Lektorat: Sandra Fantner
Umschlagabbildungen: Taiga,
Shymko Svitlana I Dreamstime.com
Umschlaggestaltung, Layout & Satz:
novum Verlag

www.novumverlag.com

Druckprodukt mit finanziellem
Klimabeitrag
ClimatePartner.com/16547-2311-1001

Inhaltsverzeichnis

1

Eine Entscheidung mit Folgen

Als ich mit 33 Jahren zum Doktor der Rechtswissenschaft promoviert worden war, ergab sich für meine Frau und mich die Frage, was weiter zu tun wäre. Ich hatte neben meinem Beruf im zweiten Bildungsweg studiert – so blieben nunmehr die Abende, die ich fürs Studium gebraucht hatte, frei. Wir suchten im Verzeichnis der Universität Wien nach Möglichkeiten, Sport zu machen, die allerdings wegen meiner Blindheit durchaus eingeschränkt waren. Wir wählten Reiten, Segeln und Yoga. Aus dem Segeln ist nichts geworden. Zum Reiten sind wir im weiteren Verlauf in Kaschmir gekommen, das wir allerdings nicht wegen des Reitens aufgesucht haben, sondern wegen einer Yoga-Ausbildung in einem indischen Aschram. Ein halbes Jahr Yoga-Ausbildung in der Universität hatte uns so beeindruckt, dass wir uns auf dieses Abenteuer eingelassen haben.

Wir sind mit dem Zug hingefahren; wir wollten nämlich erfahren, wie weit Indien von Europa entfernt ist. In der Straßenbahn zum Bahnhof hat uns offensichtlich wegen unseres sportlichen Outfits eine Frau gefragt, ob wir auf den Semmering fahren (das ist ein Wandergebiet in der Umgebung Wiens). Und als ich sagte „Nein, weiter", spürte ich, wie meine Knie weich geworden sind. So viel zur Stimmung zwischen Mut und Sorge beim Start unseres sowohl körperlichen als auch geistigen Abenteuers, das mir in der Folge zu einem zugegebenermaßen etwas ungewöhnlichen Weltbild verholfen hat; ich stelle es im Buch dar. Auf die berufliche Laufbahn beim österreichischen Bundesheer, die sich ohne diesen Einstieg gewiss und nicht so interessant entwickelt hätte, gehe ich am Ende dieses Textes ein.

Das Reiten in den Bergen von Kaschmir, das mir sehr gefallen hätte, gab ich nach zwei Situationen, die beinahe zu schweren Unfällen hätten führen können, wieder auf. Beim Yoga, das wir an der Universität in Wien ernsthaft begonnen hatten und das auch bei Blindheit ohne Weiteres gut zu machen geht, sind wir geblieben; und wir haben die Ausbildung bei einem indischen Guru fortgesetzt. Mich in eine Kultur einzuklinken, in der Blinde Seher geworden sind und vielleicht auch noch werden können, schien interessant genug. In der Bibel kommen Blinde vor allem als Bettler und Bittsteller vor. Im weiteren Verlauf habe ich herausgefunden, dass Blindheit sogar einen gewissen Vorteil für die Kunst des Yoga bilden kann. In der rekursiven Schau, um die es im Yoga geht, sind Subjekt und Objekt ident; beide sind das Gehirn.

In der Bhagavad Gita, in einem der grundlegenden Bücher über die Yoga-Philosophie, ist der König, der der Empfänger der Botschaft ist, blind; das deutet eine Nahbeziehung zwischen Yoga und Blindheit an. Dem König wird der geistige Prozess erzählt, den sein Feldherr im kurzen Moment vor dem Beginn der Schlacht erlebt. Sein Wagenlenker ist eine inkarnierte Gottheit, die ihm das Yogasystem erklärt. Yoga entsteht aus der Kooperation von Bewusstsein und seiner Rationalität mit den Inhalten, die normalerweise im Unbewussten ruhen. Es ist also die Verbindung von Philosophie und Religion. Wenn die konkrete Religion nicht auf Indoktrinierung beschränkt ist, hört sie auf die Sprache der Mystik, in der sich das, was gewöhnlich unbewusst ist, dem Bewusstsein öffnet. Yoga erschließt damit das weite Spektrum des Geistes und fördert die Entwicklung von Weisheit.

Das westliche Denken, in das ich durch mein Studium eingeführt worden bin und die Spiritualität, die ich als Ministrant in der katholischen Kirche entdeckt und mit dem Yoga perfektioniert habe, sind wesentliche Faktoren für mein Verständnis der gesellschaftlichen Prozesse.

2

Die fünf Schichten des Bewusstseins

Die wichtigste Antwort, die es für den Yoga-Aspiranten zu suchen gilt, bezieht sich auf die Frage, wer er sei. Dieser Einstieg mag überraschen; das Staunen mag sich aber relativieren, wenn man ihr die Methode des österreichischen Psychiaters Viktor Frankl zur Seite stellt, „den Sinn seines Lebens suchen". Um dem Aspiranten dabei zu helfen, zeigt ihm die Yoga-Theorie; es geht um fünf Schichten des Bewusstseins, in die der Aspirant mit einiger Übung Einblick gewinnen kann.

Als erste Schicht gilt der physische Körper; die Körperübungen, die man im Westen gewöhnlich als Yoga kennt, sind in ihrem Herkunftsland Indien nur ein Aspekt einer Erkenntnistechnik, die auf dieser Philosophie beruht. Der Mensch hat einen Körper und es ist gut, wenn er sich in diesem möglichst gut zurechtfindet. Die Hinwendung zum Körper und Yoga-Training stärken nicht nur den Körper, sondern sollen auch eine tiefe Entspannung der Muskeln und der inneren Organe ermöglichen und damit die Ruhe des Geistes herstellen. Die gesundheitlichen Wirkungen beruhen wesentlich auf der direkten Verhinderung von Stress und von den Wirkungen, die durch ungesunde Stressverhinderung wie Alkohol, Nikotin, Drogen und Flucht in die Arbeit verursacht werden. Die Übungen dienen auch dazu, die Fähigkeit zu erlangen, eine entsprechende Zeit eine gut geeignete Sitzhaltung für die Meditation einzunehmen. Für die Übung von Entspannung kann man auch liegen; dabei geht aber der Körper eher in Schlaf über als der Geist in eine Meditation.

Für jeden Fortschritt auf dem Weg ist die Ruhe des Geistes wichtig. So wie nur eine ruhige Oberfläche eines Sees den Blick in seine Tiefe ermöglicht, bietet eine solche Ruhe auch Einblicke in das natürliche Navigationssystem des Menschen. Durch die Erziehung des Menschen wird das Kind kultiviert; durch die Yoga-Technik kann der Erwachsene seine „Urnatur", die im Unbewussten ruht, wieder erwecken, sodass in ihm Kultur und Natur widerspruchsfrei zusammenwirken können. Der klare Blick durch die Oberfläche, welcher die Manifestationen des Geistes wie Wissen, Erinnerung, Vorstellung und Einbildung ausschaltet, erschließt den Blick auf das ursprüngliche Wesen.

In ihrem Kern ist die Yoga-Technik empirisch; man macht sich zum Beobachter seiner inneren Vorgänge. Bis die Meditation die innere Schau auf die „Urnatur" freigibt, kommen viel banalere Gedanken in den Sinn – etwa ob man daheim zugesperrt hat oder das Licht abgedreht ist, ob man einen Brief schreiben sollte usw. Es kommt darauf an, die Gedanken nicht zu denken und weiterzuführen, sondern nur wahrzunehmen. Und im Modus der Beobachtung zu bleiben. Kennt man den Beobachter-Modus aus dem täglichen Leben, so hilft diese Fähigkeit bei der Meditation; lernt man ihn in der Meditation, so hilft er fürs tägliche Leben.

Auf der zweiten Stufe auf dem Yoga-Weg beschäftigt sich der Aspirant mit seiner Energie. Er spürt, ob er stark ist oder schwach, energiegeladen oder erschöpft; er spürt aber auch, mit wie viel Energie seine diversen Emotionen ausgestattet sind. Das Mittel, um in seinen Energiehaushalt einzugreifen, ist die Atemtechnik, die eine sehr große Rolle spielt. Das Nervensystem, das auch der Träger der Energieinformation ist, gibt es in zwei Formen: Das somatische Nervensystem ist dem Willen unterworfen; das vegetative Nervensystem wird normalerweise unwillkürlich gesteuert. Nur mit dem Atem und mit zwei spezifischen Äußerungen (spezifisches Beten und Singen) kann der Mensch Einfluss auf das vegetative Nervensystem nehmen. Viele Yogaschulen arbeiten mit Atemübungen, manche legen ihr Schwergewicht auf Beten und Singen. Dabei geht es darum, auf die Stimme des Inneren zu hören, nicht darum, es zu indoktrinieren. Die Worte oder Sätze, die dafür eingesetzt werden, sind Mantras; und das heißt „Denk-Stopper" und dient diesem Zweck.

Die dritte ist die Denkschicht; findet der Aspirant Eingang in diese, so nimmt er sein Bewusstsein wahr. Mit der Aufmerksamkeit auf den Körper und auf die Atmung hat er geübt; nun folgt die Beobachtung der geistigen Funktionen. Die Yoga-Theorie fasst sie zusammen als das „vierfache innere Organ", das aus den Funktionen Bewusstsein, Denken und Erkennen sowie aus dem Ich-Bewusstsein besteht. Indem der Yogi sein eigenes Ich-Bewusstsein aktiviert, gewinnt er auch soziale Intelligenz. Die Demokratie braucht eigenständige Menschen, die die Gemeinschaft im Fokus haben; die Autokratie besteht strukturbedingt aus psychisch abhängigen Menschen, die auf einen Egoisten hineingefallen sind. Oft gibt es auch Mischsysteme; in diesem Fall folgen die Menschen dem sogenannten Radfahrer-System, indem sie nach oben buckeln und nach unten treten („Wer nicht gehorchen lernt, der lernt auch nicht befehlen").

In Indien gibt es wahrscheinlich nichts, was es nicht gibt – geistige Strömungen gibt es jedenfalls ohne Zahl. Es gibt da auch geistige Richtungen, die auf die Abstumpfung des Bewusstseins ausgerichtet sind; der Yoga, von dem hier die Rede ist, empfiehlt die Achtsamkeit. Der indische Yogi Swami Vivekananda (1863 bis 1902), der den Yoga als Erster in den Westen gebracht hat, formulierte es so: „Wach auf und steh auf und verwirkliche die unendlichen Kräfte, die in Dir sind".

Für Kinder ist der Zustand der Aufmerksamkeit natürlich; sie lernen auch gerne – manchmal allerdings hört das auf, wenn sie in die Schule kommen. Aber das liegt dann an der Schule. Wenn Erwachsene das Glück haben, an der Gestaltung ihres Lebens mitzuwirken, so werden sie sich auch für ein interessantes Leben entscheiden; in dem Fall wird waches Bewusstsein

Teil ihres Lebens sein. Andererseits können sie sich auch in ein stumpfes Bewusstsein hineindriften lassen. Yoga ist eine kulturell entstandene geistig aktive Lebensform, die lehr- und lernbar ist und die zusätzliche Entscheidungsmöglichkeiten öffnet.

Als Aspekt des Bewusstseins findet das Selbstbewusstsein seinen Ausdruck. Wenn man bedenkt, wie oft auch bei körperlich gesunden Menschen das Selbstbewusstsein in die Nebenzonen Überheblichkeit beziehungsweise Minderwertigkeitsgefühl hinauspendelt, ist das bei körperlichen Defiziten auch kein Wunder. Überheblichkeit und überkompensiertes Minderwertigkeitsgefühl sind bedeutende Mitspieler in privaten und politischen Tragödien.

In meinem Geburtsjahr 1940 stand der Sozialdarwinismus noch in Blüte. Charles Darwin machte einen großen Erkenntnisschritt, indem er die Evolutionslehre entwickelte. Für den Prozess der Evolution nannte er aber bedauerlicherweise die Selektion als das wichtigste Kriterium; dass etwas schon bestanden haben und folglich entstanden sein muss, bevor es selektiert werden kann, ist ihm offensichtlich nicht aufgefallen.

Auf diesen Darstellungsmangel hat erst 150 Jahre später Joachim Bauer in seinem Buch „Das kooperative Gen" hingewiesen. Aus dem Fehler Darwins hat sich der Sozialdarwinismus entwickelt. Das ist die Lehre, der zufolge alles Leben Überlebenskampf sei. Das hat der Nationalsozialismus zur Staatsdoktrin erhoben und sich gleich das Recht herausgenommen, alles zu vernichten, was ihm nicht passend erschien – darunter auch körperliche und geistige Behinderungen.

In Bezug auf sein Menschenbild war Darwin selbst kein „Sozialdarwinist"; erst die Gehirnforschung unserer Tage stellte die Kooperation und die Kreativität als die primären Evolutionsfaktoren dar und zeigte, dass die Selektion nur sekundär wirken würde. Der Nationalsozialismus hat nach der Idee des Sozialdarwinismus die Konkurrenz, an der er schließlich selbst gescheitert ist, zum Richtmaß erhoben. Diese Idee ist heute noch die Patin der ökonomischen Struktur, an der vorläufig einmal der Lebensraum der Menschen leidet. Nach dem Naturgesetz, das Darwin eigentlich gemeint hat, ist dieses Verhalten für den Menschen unangepasst und jedenfalls nicht optimal.

Wenn sich auch meine genetisch bedingte Erblindung erst nach dieser Zeit zeigte, so hatte die sozialdarwinistische Einstellung doch noch einige Nachwirkungen. Das kann das Selbstbewusstsein schon in Schwierigkeiten bringen. Ich erlebte meine zunehmende Erblindung nicht nur schmerzlich, sondern auch als peinlich. Ich reagierte auf die drohende Erblindung mit Verdrängung; das bringt wenig und ist mühsam. Im Kapitel 8 schreibe ich darüber, was ist, wenn die Verdrängung zur gesellschaftlichen Haltung wird. Heute tickt die Gesellschaft anders; durch die Ideen Integration und Inklusion reduziert sich der gesellschaftliche Druck auf Kranke und Behinderte und das Selbstbild wird nicht mehr durch ein falsches Fremdbild gestört.

In einer Zeit, in der Mangel herrscht und es nicht genug Nahrung für alle gibt, wird das Konkurrenzdenken unvermeidbar sein. Und wenn das Selektionsdenken, das den Kampf in den Mittelpunkt stellt, dominant ist, wird die Not zur Dauereinrichtung. Das gesellschaftlich dominante und das in der Gesellschaft mehrheitlich vorhandene individuelle Bewusstsein können gleich oder verschieden sein; sie nähern sich erst mit der Zeit einander an.

In einer Gesellschaft, in der die Kultur der Kooperation vorherrscht, ist die Gefahr der Enge geringer – in ihr gewinnen Geber und Nehmer. In der Entwicklung der Brillen sahen die Sozialdarwinisten die Gefahr, dass sich auch Menschen mit Augenschaden vermehren könnten. Für die, die Kooperation im Fokus haben, bildet die Entwicklung der Brillenschleiferei die Vorgabe für die Entwicklung von Mikro- und Teleskopie und damit einen Kulturgewinn. So entwickelte auch Peter Mitterhofer die Schreibmaschine für seinen blinden Freund. Diesem half diese Erfindung nicht allzu viel – er konnte nur schreiben, das Geschriebene aber nicht lesen. Insgesamt aber entstand dadurch ein Kulturgewinn. Den antiken Griechen war dieser Gedanke offensichtlich so vertraut, dass sie diesen Modus sogar mythisch darstellten. Die Erfindung des Rades verdankt sich demnach dem gelähmten Halbgott Pelops, um ihm einen Rollstuhl zu machen. Neben dem Krieg, der angeblich der Vater aller Dinge sein soll, ist die Fürsorge die Mutter auch vieler Dinge.

Als vierte Bewusstseinsschicht bezeichnen die Yogis die Funktion, die für Erkenntnis steht. Während Wissen statisch ist, ist Erkenntnis als der Erwerb von Wissen auch dynamisch – Wissen hat man, Erkenntnis gewinnt man; Wissen ohne kluge Umsetzung ist nicht viel Wert. Um in der Ideenwelt erfolgreich zu sein, ist es gut, das Denken für einige Zeit zur Ruhe zu bringen; auf dieser Ebene fließen das Wissen aus der äußeren Welt und das Wissen aus der inneren Schau zusammen und es entwickelt sich Weisheit. Der Prophet Mohammed bezeichnete die Wissenschaftler seiner Zeit als „mit Büchern beladene Esel". Allerdings ist die Religion, die er initialisiert hat, auch erstarrt. Die deutsche Literatur bringt den folgenden Gedanken in das Thema ein: Was man ererbt hat, müsse man auch erwerben, um es zu besitzen."

Kreativität, um die es darüber hinaus geht, baut auf guter Wahrnehmung auf und ist auf gute Verarbeitung angewiesen. Für die Erfüllung beider Funktionen bringt Yoga die Meditation ins Spiel, die sowohl die Übung von Konzentration als auch von Entspannung mit sich bringt. Beim Wechsel der verschiedenen Spannungszustände kommt es zu kreativen Momenten, die neue Ideen hervorbringen können.

Nachdenken unterscheidet sich von Meditieren insofern, dass Ersteres Schritt für Schritt rational gesteuert ist; der Meditierende kann ein Thema vorgeben, überlässt aber den Prozess der intuitiven Entwicklung. Meditieren – sich also tiefe Gedanken machen – kann man über alles.

Yoga ist ein Geistestraining durch Achtsamkeit. Meine Yoga-Schule empfiehlt die Konzentration auf bestimmte Körperstellen; einer dieser Punkte ist das Stirnzentrum zwischen den Augenbrauen oberhalb der Nasenwurzel. Wenn an der Stelle der Konzentration ein heller Punkt erscheint, ist man erfolgreich. Zuerst erscheint das Phänomen als diffuser heller Fleck; nach weiterer Übung wird er zu einem ganz kleinen strahlenden Punkt.

Der Stirnpunkt und die anderen körperlichen Konzentrationspunkte betreffen das Zentralnervensystem; ein Punkt befindet sich im Scheitelzentrum, fünf weitere im Verlauf der Wirbelsäule. Das Herz als Meditationspunkt hat auch in der Ostkirche Bedeutung.

Dazu kommen auch Bewusstseinszustände, in denen sowohl der Wachzustand als auch der entspannte Schlafzustand gleichzeitig vorhanden sind. Dieser Zustand tritt beim Aufwachen und beim Einschlafen häufig spontan auf und ist förderlich für die Lösung von Problemen. Die Meditation ist ein Geisteszustand, in dem sich das Bewusstsein zum Unbewussten öffnet. Innerhalb dieser Technik findet sich die besondere Fähigkeit, die Impulse und die Ideen, die aus dem Unbewussten kommen, wahrzunehmen, ohne sie gleich mit Gedanken zu beladen. Eine Meditation ist gut, wenn die aktiven Gehirnfunktionen zur Ruhe gebracht sind und nur die Impulse, die das Gehirn abgibt, betrachtet werden. Der Abgleich zwischen altem Wissen und zugewonnener Erfahrung wird ohnedies im nachfolgenden Normalbewusstsein stattfinden.

Die Kreativität wird auch gefördert, wenn man sich möglichst vorurteilsfrei mit anderen Kulturen beschäftigt, sowohl etwa mit Philosophie- und Religionsgeschichte als auch mit Lebensformen anderer Völker. Im Yoga findet man eine solche andere Auffassungs- und Denkform, die einen wachen Europäer neugierig machen kann. Die Yoga-Philosophie reicht weit hinein in die gesellschaftlichen Belange; die Yoga-Praxis aber beginnt mit der Pflege des eigenen Körpers, der ja vielen Menschen wichtig ist. Der Weg kostet durchaus etwas Mühe, aber durch Wohlbefinden und einige frühe Erkenntnisgewinne kann sich die Mühe bezahlt machen und zum Weitergehen motivieren. Wohl auch ist es die mit dem Yoga verbundene Mühe, die ihn auch in Indien zu einer Minderheitenkultur macht. Leichter ist es, an einen Gott zu glauben, von denen es in Indien ja viele gibt.

Als die fünfte Bewusstseinsschicht bezeichnen die Yogis den Zustand der Seligkeit. Dieser Zustand kann auch spontan auftreten; wenn er dauerhaft vorhanden ist, nennen ihn die Yogis Erleuchtung. Diese Qualität ist nicht leicht zu haben; in Indien, wo diese Möglichkeit durch die Kultur als erwartbar gilt, finden sich immer solche Menschen; Mahatma Gandhi war einer von diesen besonderen, in denen so etwas wie Göttlichkeit zu sehen war.

Außerhalb dieser Kultur ist Christus jemand, in dem jedenfalls seine Anhänger Göttlichkeit „sahen". Die mittelalterlichen Mystiker wie Hildegard von Bingen und Meister Eckhart entwickelten eine These, die dieses Phänomen verständlich machen würde: Die menschliche Seele ist ein Funke von der Allmacht, die als Gott bezeichnet wird. Der im Yoga und im Buddhismus verwendete Begriff „AUM" für GOTT heißt „Alles" und vermeidet dadurch eine enge Gottesvorstellung. Wenn man sich die Summe von Information, Energie und Materie vorzustellen vermag, so hat man einen weiten Gottesbegriff und kann alle engeren Begriffe akzeptieren oder hinter sich lassen.

Obwohl die Gottesvorstellungen nicht nur als Reflexionen aus der Begegnung mit anderen Menschen, sondern auch durch die Begegnung mit der belebten und unbelebten Natur entstehen, hat sich im Christentum keine sensible Beziehung zur Welt gebildet. Das Feld, das Naturreligionen normalerweise besetzen, war leer; die Aufklärung, die die kurzfristigen Interessen gut zu befriedigen wusste, fand einen freien Spielplatz.

Als im Orient in den Jahrhunderten vor der Zeitenwende die Erkenntnis von der Einheit von Kosmos und Welt sowie von belebter und unbelebter Natur entstanden ist, waren Wissenschaft und Religion noch nicht getrennt; dieser geistige Fortschritt ist als Eingottglaube in die Kultur aufgenommen worden. Dieser kulturelle Höhenflug ist allerdings als Formel leichter fortzusetzen als in seiner realen Bedeutung. So hat sich sowohl im Vorderen Orient als auch im Abendland diese Qualität nur als religiöses Glaubensgut erhalten; die westliche Wissenschaft hat sich durch diese Vorgabe nicht einschränken lassen und hat sich auf getrennte Wissenschaften eingelassen und enorme Fortschritte entstehen lassen, ohne jedoch einem qualifizierten Anspruch gerecht zu werden. In den Naturwissenschaften beginnt man erst seit Kurzem, und zwar seit den diversen aktuellen Ökokrisen damit, die Natur als Einheit zu verstehen; in den Humanwissenschaften hat das ganzheitliche Denken mit der Wahrnehmung des Unbewussten durch Sigmund Freud begonnen. Mit dem Yoga hat sich zumindest ein kleiner Teil der Gesellschaft darum bemüht, das Ganze und seine Teile in verbundener Einheit zu sehen.

Zwar nicht ausschließend, aber auch nicht ganz unabhängig von den kulturellen Vorgaben ist bei einigen Menschen die Seele so weit entwickelt, dass man ihnen die Verbundenheit mit dem Ganzen auch ansieht; weil sie diese Seligkeit erfahren haben, sind sie auch stark im Leben. Diese Befindlichkeit spiegelt ein positives Menschenbild. Sie hat den mittelalterlichen Mystiker Meister Eckhart persönlich vor die Inquisition gebracht und ist in Europa nicht angekommen; sie könnte auf Pantheismus hinauslaufen. Geht man nicht so weit, den Kosmos als den Körper Gottes anzunehmen, sondern bleibt bei der christlichen Gottesvorstellung, so würde sich mehr Respekt vor und mehr Liebe zur Natur doch auch bewähren.

Erleuchtung oder Erwacht-Sein – im Yoga beziehungsweise im Buddhismus verwendete Begriffe – bezeichnen einen optimalen Bewusstseinszustand, der in einer tiefen Meditation eintreten kann und sich auf das tägliche Leben weiterhin auswirkt. Die Seligkeit, die in einer solchen Meditation erlebt wird, soll dem Glücksgefühl des weiblichen Orgasmus entsprechen. Die Yogis leben in einem Körper, der nicht anders ist als die Körper der anderen Menschen; sie unterscheiden sich durch ihr Bewusstsein.

Die Optimierung der Gehirnfunktionen beruht wohl auf einer hohen Qualität der Informationsverarbeitung. Eine Erleuchtung ist offensichtlich nicht leicht zu haben; warum es die Natur dem Menschen so schwer macht, diese Kulturstufe zu erreichen, weiß ich nicht; immerhin fallen andere hohe Stufen der Kultur wie Wissenschaft und Kunst auch nicht leicht. So viel zu den fünf Schichten des Bewusstseins.

3

Yoga als die klassische
Aufklärung Indiens

Yoga nimmt sowohl die Rationalität als auch die Sensibilität sehr wichtig; daraus ergibt sich die Empfehlung, kritisch zu sein. Gerade gegenüber dem Aspekt der Erleuchtung und gegenüber jenen, die von sich behaupten, erleuchtet zu sein, gilt diese Empfehlung. Man weiß von einem tibetischen und einem indischen Guru, die im Westen große Erfolge hatten und schließlich der Leichtgläubigkeit ihrer Anhänger zum Opfer gefallen sind; sie wurden überheblich. Diese Möglichkeit wurde schon vor 2500 Jahren im ersten Handbuch der Yoga-Lehre genannt. Andererseits dürfen wir in der westlichen Welt gegenüber unserer eigenen Kultur, die uns in den luxusbedingten Ökozid (Zerstörung des Lebensraumes) zu führen droht, auch kritisch sein. Der innere Weg, glücklich zu sein, ist in Europa und Amerika nicht recht entwickelt und wird nur ansatzweise versucht; man versucht eher, sein Glück in der äußeren Welt zu verwirklichen. Das Ergebnis davon ist der Zustand der aktuellen Welt, in der sich der Materialismus gegenüber der Materie wie der Kannibalismus gegenüber dem Menschen verhält.

Yoga ist die klassische Aufklärung, die vor zweieinhalb Tausend Jahren in Indien entstanden ist, als es eine Hochkultur war; Yoga fördert die Entwicklung der „Urnatur" des Menschen. Das Christentum ging den Weg, die Natur des Menschen zu überwinden und durch die christliche Kultur zu ersetzen. Mit der Einführung der Erbsünde diskriminierte es die Menschen, um ein Argument zu haben, sie autoritär zu führen. Diese Herrschaftsmethode wurde auch den Juden gegenüber angewandt, indem man ihnen den Christusmord vorhielt. In dieser Art kann man heute allenfalls einen Staat, keinesfalls aber einen Fußballverein führen.

Trotz einer starken Intervention des Aufklärers Jean-Jacques Rousseau, der die Natur des Menschen als Grundlage für die Erziehung der Kinder für wichtig hielt, blieb die Haltung der Kirche, die ihre Kultur als Basis der Erziehung für notwendig erachtete, lange noch dominant und wirkt auch noch immer weiter.

Die Theorie der Erbsünde verweist zwar auf die jüdische Schöpfungsgeschichte; sie beruht aber auf einer Spekulation, die es im Judentum nicht gibt. Sie wurde durch den Apostel Paulus initialisiert und durch den Kirchenvater Augustinus weiterentwickelt; Paulus war der einzige Apostel, der Christus nicht persönlich gekannt hatte. Um den Wert Christi zu erhöhen, setzte er den Wert der Menschen unter ihrer Qualität an. Die Erbsünde blieb lange Zeit in der lateinischen Sprache verborgen und ist erst im zwölften Jahrhundert in den deutschen Sprachraum gekommen.

Es sind zumindest zwei Bibelstellen, die die negative Haltung zum Menschen ausgelöst haben. Markus erzählt, dass die Pharisäer die Jünger um Christus kritisieren, weil sie vor dem Essen nicht die Hände waschen. Christus weist den Vorwurf zurück mit den Worten: „Nichts, was von außen in den Menschen hineinkommt, kann ihn unrein machen, sondern was aus dem Menschen herauskommt, das macht ihn unrein. Denn von innen, aus dem Herzen der Menschen, kommen die bösen Gedanken, Unzucht, Diebstahl, Mord, Unvernunft [...]". Hier wird auch die Kulturtechnik der Hygiene negiert. Im Vergleich zur Yoga-Philosophie reicht in diesem Fall die Innenschau nicht so weit, um im Innersten einen „guten Kern" zu entdecken.

Die zweite Bibelstelle ist das Moses-Zitat: „Und der HERR roch den lieblichen Geruch und sprach in seinem Herzen: Ich will hinfort nicht mehr die Erde verfluchen um der Menschen willen; denn das Dichten und Trachten des menschlichen Herzens ist böse von Jugend auf." Darauf bezog sich auch Luther; er setzte dazu, dass der Mensch durch Christus und seine Religion erlöst werden müsse. Diese Betrachtung übersieht, dass der Mensch in seiner Kindheit geprägt wird und daher in seiner Jugend schon geprägt ist. Damit lässt sich aus diesem Zitat die Erbsünde nicht ableiten.

Hört man auf das Kind, so zeigt sich die Ich-Werdung an drei häufig verwendeten Worten; sie zeigen Entwicklungsphasen: In der Trotzphase hört man sehr oft das Wort „Nein". Sie beginnt im Alter von zweieinhalb Jahren und endet bald nach dem dritten Geburtstag. Wenn die Eltern ein negatives Menschenbild haben und der naturgegebenen positiven Entwicklung des Kindes nicht trauen und das Wesen des Kindes bilden wollen, merken die Eltern nicht, dass die Trotzphase aufhört. Das Kind braucht Unterstützung bei seiner Ich-Werdung; der Widerspruch dagegen führt zu einem kämpferischen Egoismus oder zur Resignation und das schafft die zwei Typen, aus denen sich der Faschismus bildet. Es entstehen Herrscher und Untertanen. In der Trotzphase entwickelt sich der Wille; wie sich das Kind entwickelt, hängt weitgehend von den Eltern ab.

Das Wort „warum" kommt später und zeigt sich als Ausdruck der kindlichen Philosophie und erst in der Schulzeit wird das „wie" dominant. Wenn das Kind das Glück hat, gute Lehrer zu haben, kann es die Frage „wozu" positiv beantworten. Es ist nett zu beobachten, welche Phasen bei den Erwachsenen noch eine wesentliche Rolle spielen. Ist der Widerspruchsgeist dominant, so lässt das auf eine verschleppte Trotzphase schließen. Die kindliche „warum"-Phase bringt nur wenig Einfluss in das Leben der Erwachsenen. In unserer Kultur erreicht die Philosophie nur ein geringes Interesse und ihre Bedeutung bleibt weit hinter Naturwissenschaft und Technik zurück. Würde die Frage nach dem „Warum" öfter gestellt, würde die Frage nach dem, wie wir leben, wohl auch anders beantwortet werden.

Der Satz des indischen Dichters Rabindranath Tagore (1861 bis 1941) klingt da positiver: „Die Geburt jedes Kindes zeigt, dass Gott die Hoffnung in die Menschheit noch nicht verloren hat"; ein positives Menschenbild ist essenziell für den Yoga. Ob Christus selbst einem positiven Menschenbild anhing, mögen Leute herausfinden, die über eine bessere Bibelkenntnis verfügen als ich. Seine Mutter hat es in Bezug auf ihn sicher gehabt: Sie wird bei ihm als „Gotteskind" seinem Entwicklungspotential vertraut und nicht ihm ihren Willen aufgedrückt haben.

Um die Widersprüchlichkeit der Aussagen aufzulösen, ergibt sich die Möglichkeit, anzuerkennen, dass die indische Philosophie durch die tradierte Psychotechnik – nämlich die Meditation – eine tiefergehende Analyse der psychischen Struktur ermöglicht als der tradierte christliche Glaube. Daraus entsteht ein Verständnis für sich selbst und insbesondere auch für die heranwachsenden Kinder; besonders in Bezug auf den oft schwer wahrzunehmenden Unterschied zwischen Individualismus, der eine für den Menschen vorgesehene Qualität ist, und Egoismus, der davon abweicht. Unsere Kultur ist jedenfalls von der Antwort auf die Frage „wie" dominiert und mit der Antwort auf die Frage „warum" unterversorgt.

Der libanesische Autor Khalil Gibran (1883 bis 1931), der sein Wissen aus dem Sufismus nimmt, traut wie Tagore auch der Natur des Menschen mehr zu als seiner Kultur; er beschreibt das in seinem Buch „Der Prophet". Sufismus ist im Islam das, was im Hinduismus Yoga ist. Es ist eine auf Empirie beruhende Erkenntnistechnik, die sowohl die Welt als „äußere Natur" als auch das Wesen des Menschen als „innere Natur" als Objekt der Betrachtung nimmt.

Individualismus ist eine Form der Wahrnehmung; Egoismus ist eine Form der Durchsetzung eigener Interessen. Die amerikanische Autorin Ayn Rand (1905 bis 1982 hält Immanuel Kant für den bösesten Mann der Geschichte, weil er die gesellschaftlichen Belange für wichtiger gehalten habe als die Verfolgung der individuellen Interessen. Rand übte einen großen Einfluss auf die US-amerikanische Politik aus; Immanuel Kant (1724 bis 1804) ist einer der geistigen Gründungsväter der modernen Demokratie.

Unterdrückung der Kinder oder ihre Vernachlässigung führen entweder zu einem überhöhten Herrschaftsbedürfnis und/ oder zu einem Mangel an Individualismus mit einem Fehlbestand für Verantwortung; im Wechselspiel mit den Eltern entwickeln die Kinder ein kämpferisches Wesen. Überhöhte, aber für die Zerstörung der Individualität nicht ausreichende Unterdrückung führt zu einer Herrschaftssucht oder zu einer Autoritätsallergie, deren Opfer sich beispielsweise als Reichsbürger darstellen. Erfahren die Eltern in der Trotzphase den Widerspruch der Kinder, kann sich leicht ein kultürlich vorhandenes negatives Menschenbild zu einer Widerspruchserziehung einschleifen, aus der sich die Beziehung nicht mehr befreien kann.

Der Buddhismus braucht keinerlei Gott, um die Welt zu erklären; jeder Mensch ist potenziell fähig, das menschliche Optimum zu erreichen; aber auch das Judentum kennt diesen Gedanken. Im christlichen Mittelalter, in dem es eine vorübergehende griechische Denkphase gab, taucht bei Meister Eckhart (1260 bis 1328) der Gedanke auf, die menschliche Seele wäre ein Funken Gottes.

Auch der Yoga geht davon aus, dass die „Urnatur" – also die Anlage der Menschen – optimal ist; aber nur bei einer einigermaßen passenden Begleitung kommt es tatsächlich zu einer optimalen Entwicklung. Die positive „Urnatur" trägt der Mensch nur latent in sich; als Erwachsener kann er diese durch Meditation bewusst machen oder durch Lebenserfahrung erlangen; die Kommunikation des Bewussten mit dem Unbewussten, die in der Meditation angestrebt wird, aber sich hin und wieder auch im normalen Leben ereignen kann, wird im religiösen Konnex Spiritualität genannt. Wenn die Spiritualität kulturbildend wird, wird sie an die nächste Generation weitergegeben; das wäre der Weg zum ewigen Frieden.

Warum der Aufklärer Jean-Jacques Rousseau (1712 bis 1778), der persönlich gar kein so besonders gelungenes Leben gelebt hat, auf einmal im christlichen Abendland von einem positiven Menschenbild geschrieben hat, ist erstaunlich. Er hatte fünf Kinder mit seiner Lebensgefährtin; alle fünf entsorgten sie in einem Waisenhaus.

Hingegen pflegt der aktuelle Papst Franziskus I., der wohl einer der Besten in seiner Ahnenreihe ist, ein negatives Menschenbild, indem er regelmäßig auf seine Sündhaftigkeit verweist. Die ersten 300 Jahre ihrer Entwicklung haben die Christen resigniert und sich einem Märtyrertum ausgesetzt; dann haben sich ihre Vertreter ein obrigkeitliches Gehabe nach dem römischen Muster angeeignet. Erst im letzten Jahrhundert zeigen sich Ansätze, sowohl Untertänigkeit als auch Obrigkeitsdenken hinter sich zu lassen und die von Jesus gemeinte Brüderlichkeit – also Demokratie – zu leben.

Die Auseinandersetzung zwischen der europäischen Kultur, in die ich hineingeboren wurde, und der Yoga-Kenntnis, die ich mir erworben habe, ist natürlich nicht spannungsfrei; so freue ich mich umso mehr, als ich auch im christlichen Abendland Menschen finde, deren Aussagen ich mich voll anschließen kann; es sind zwei Mystiker aus dem Mittelalter. Zum einen ist es Franz von Assisi, der die römisch-christliche Religion auf die Stufe so mancher Naturreligionen angehoben hätte. Zum anderen ist es Meister Eckhart, der mit seiner Lehre die schädliche Trennung, die in der Anwendung von Rationalität und Spiritualität eingetreten ist, verhindern hätte können.

Ich bewundere alle Entwickler von Gesellschaftssystemen, die die Probleme der Gegenwart zu lösen versprechen. Insofern sie es aus eigenem Antrieb schaffen, sind sie ein Beweis für ein positives Menschenbild; sie zeigen die zumindest grundsätzlich vorhandene Problemlösungsfähigkeit des Menschen. Der aktuellen Demokratie fehlt dafür allerdings der Blick in die Zukunft; sie ist ein Selbstbedienungsladen geworden. Karl Kraus war vor hundert Jahren Herausgeber der kritischen Zeitung „Die Fackel" (Wien). Er interpretierte die auf Zehntelprozent genaue Prognose des Wachstums der Wirtschaft, die die Wissenschaftler seiner Zeit erstellten. Er meinte, diese Berechnungen würden deren Humor zeigen; dabei wäre das grob ungerechte Sozialsystem zu kritisieren gewesen. Die USA haben damals mit einer sozialen Steuerreform, dem „New Deal", reagiert und haben damit soziale Verwerfungen verhindert. In Europa haben diese Fehleinschätzungen in mehreren Staaten zu einem Demokratieabbau und zu einem großen Krieg geführt.

Dem, der davon weiß, klingen die heutigen wissenschaftlichen Wirtschaftszahlen wie ein Lachkonzert. Das ökologische Problem, von dem unsere Zukunft betroffen sein wird, ist die zwei- bis dreifache Übernutzung von Erde, Wasser und Äther. Das Wirtschaftsvolumen ist zu groß. So wie das Sehen den Erkenntnisprozess nur einleitet, sind auch die statistischen Ergebnisse immer nur Teilinformationen, die weitere gedankliche Bearbeitung erfordern.

Neben einem positiven Menschenbild gibt es auch eine zweite Lebensvariante, die auf Kampf hinausläuft. Wenn es nämlich nicht zur immer wiederkehrenden Anpassung der Kultur an die Natur kommt, erfüllt sich die Friedensvariante nicht. Kommt es zu einer Knappheit des Lebensraumes – und sei es auch nur aus dem Grund der Gier – treten die Menschen in eine kämpferische Lebensphase ein. Wenn es die Natur ist, die eine solche Enge herbeiführt, so ist der Mensch dem machtlos ausgeliefert – so haben Vulkanausbrüche Kälteeinbrüche und Missernten verursacht. Heute ist die Bedrohung menschgemacht – sie ist auf einen Kulturmangel zurückzuführen. Traditionell wurden Krisen solcher Art durch Auswanderung oder durch Krieg gelöst oder gemildert – Auswanderung steht heute aber kaum noch zur Verfügung.

Besinnung wäre neben Krieg noch eine Variante. Diese ist aber leider durch die alles beherrschende Wirtschaft behindert; mit Produktion und Konsum nimmt sie die ganze Zeit und Aufmerksamkeit des Menschen in Anspruch. Wenn auch der Kinderspruch „Der Klügere gibt nach" nicht empfehlenswert ist und gegen Schlimmeres Notwehr empfehlenswert wäre, so ist Weisheit in unserer Kultur noch lange nicht erreicht.

Indem Sigmund Freud die Spiritualität als Bereich des Unbewussten durch seine Tiefenpsychologie dem Bereich der Wissenschaftlichkeit zugeführt und damit für Therapie nutzbar gemacht hat, sind neue Chancen der Problembewältigung entstanden – ein Bedarf danach ist jedenfalls vorhanden. Wenn es auch schwierig geworden ist, die Sehnsucht nach dem Himmel zu stimulieren und damit erwünschte Verhaltensweisen zu fördern, erscheint es ungleich wichtiger, die Spiritualität dafür einzusetzen, gegenüber der Natur sensibler zu werden. Indirekte Strategien sind nicht ausreichend zielgenau. Der Himmel als „aufgeschobener Hedonismus" hilft immer weniger, den aktuell vorherrschenden materiellen Hedonismus einzubremsen.

Die europäische Aufklärung kümmerte sich als intellektuelles Ereignis wenig um die Folgen ihrer Ergebnisse; sie fand die Schlüssel zu den Schätzen der Erde und überließ die Nutzung der Früchte den Menschen, die aus ökonomischer oder militärischer Macht heraus auf sie zugreifen können. Auch diese Methode – nämlich Laissez-Faire – hat versagt; an den Folgen der Verantwortungslosigkeit werden zukünftige Generationen schwer zu tragen haben.

Die aktuelle euro-amerikanische Kultur ist eine psycho-pathologische Krankheit, die – wenn sie unbehandelt bleibt – eine massive Schädigung des pflanzlichen, tierischen und menschlichen Lebensraumes zur Folge haben wird. Anzustreben wäre eine demokratische Führungsform, bei der Nutzen und Pflichten sowie Freiheit und Verantwortung weniger unterschiedlich zu tragen kommen. Zu verschiedene und jedenfalls ungerechte Einkommensverhältnisse schädigen die Substanz einer Demokratie und machen sie zu einem bekleideten Gerippe.

Während sich unsere Aufklärung seit Hunderten Jahren vor allem in den Naturwissenschaften auslebt und sich erst seit Kurzem auch wissenschaftlich um die Psyche der Menschen und um deren gesellschaftliches Zusammenleben kümmert, beschäftigt sich Yoga von Anfang an mit der Wissenschaft der Seele. Um die Wende zum 20. Jahrhundert begegnete Sigmund Freud in Paris einem indischen Magier, von dem er Hypnose lernte. Freud nutzte diese Technik, um sich selbst in einen geistigen Zustand zu versetzen, in dem es ihm optimal gelang, Zugang zu seinen Klienten zu finden; er nannte diesen meditativen Zustand „freischwebende Aufmerksamkeit". Diese Stimmung überträgt sich auf den Patienten und öffnet diesem den Zugang zu seinem (eigenen) Unbewussten. Das ist natürlich nur so, wenn der Psychiater es kann und wenn er als passend vom Patienten angenommen wird. Neben dem, was ein Aspirant der Psychiatrie lernt und übt, beruht auch im Yoga der Transfer der Fähigkeiten des Lehrers auf den Schüler auf dieser Induktionsmethode.

Warum diese Übertragung möglich ist, weiß die Wissenschaft erst seit Kurzem: Die moderne Gehirnforschung hat Spiegelneuronen gefunden, die unbewusst interkommunikativ wirken. Wenn die Mutter ihr Kind mit dem Löffel füttern will und das Kind macht den Mund nicht auf, braucht die Mutter nur ihren Mund aufzumachen; Gähnen und vieles andere wirkt ansteckend. Wenn ein Priester hohe Spiritualität hat, das heißt, dass er tief in seinem Wesen verankert ist, überträgt sich diese Stimmung und er wirkt positiv auf die Menschen in seiner Umgebung. Den Zugang zu seiner „Spiritualität" mag er konkret durch seinen Glauben oder ausgeübte geistliche Rituale erlangt haben. Abstrakt handelt es sich um eine mentale Erfahrung in seinem Unbewussten.

Ein gutes Leben braucht Menschenkenntnis nicht nur im privaten Leben, sondern auch im gesellschaftlichen Bereich. Hier nur ein Beispiel: Da treffen sich 1942 in Berlin zwei Psychiater; sagt der eine: „Heil Hitler"; der andere antwortet: „Heil du ihn!". Der Rat ist wohl etwas spät gekommen. Dieses und andere Beispiele zeigen aber, dass Früherkennung psychiatrischer Fälle für ein gedeihliches Zusammenleben in und zwischen den Gesellschaften notwendig wäre.

Die Yogis kennen und nützen die Prozesse im Gehirn seit mehr als zweitausend Jahren; ihre Kunst kann auf dem Weg der Selbsterkenntnis die Menschenkenntnis und damit Sozialkompetenz fördern und dadurch eine hohe gesellschaftliche Leistung erbringen.

Der Name „Yoga" bedeutet „Verbindung" und ist als indogermanisches Wort mit dem deutschen Wort „Joch" verwandt, das als Höhenübergang zwei Täler miteinander verbindet. In dieser Philosophie geht es darum, die Aspekte Körper und seine Steuerung (der westliche Begriff wäre etwa „Seele", die an sich ja verbunden sind), auch als verbunden zu erleben. Durch die frühe Abklärung der vielen Eindrücke und die daraus entstehenden Bedürfnisse erspart man sich so manche Handlungen, die man später bereuen würde; so kann man einigermaßen widerspruchsfrei leben.

Das Erlebnis der Verbundenheit ergibt sich manchmal spontan; es tritt gehäuft auf in extremen Momenten wie in großer Angst oder in großer Freude. Dazu kommen Erlebnisse, die in einem Nahtodereignis erlebt werden. Es kann aber auch mit Hilfe von Meditation und natürlich auch durch Körperübungen angestrebt werden. Im Gegensatz zum Christentum, wo Meditation zur Glaubensbildung eingesetzt wird, ist sie für die Yogis die Technik, das innere Steuerungssystem kennenzulernen und sich damit so manche Um- und Irrwege zu ersparen.

Entscheidungen reflektieren sowohl auf die Empfindungen, die von den Sinnesorganen ausgelöst werden, als auch auf das Wissen, das durch Erfahrungen gesammelt worden ist. Sie sind auch beeinflusst durch diverse Konditionierungen, wie sie durch die Erziehung eingebracht werden.

Auf dem weiten Weg des Aufwachsens kann es leicht und wohl auch unvermeidlich zu Erziehungsschäden kommen; und auch als Erwachsener ist man vor traumatischen Erlebnissen, die man im Zeitpunkt des Ereignisses nicht verarbeiten konnte, nicht gefeit. In einer Meditation, in der der „Sehende" in eine tiefe Entspannung eintritt, findet er sich in seiner ursprünglichen Natur; er erlebt technisch gesprochen ein „reset" und sieht nach dem Auftauchen aus diesem Zustand sich und die Welt neu, also so als ob er gerade dazugekommen wäre.

Normalerweise bildet das Gehirn eine Blackbox und viele Entscheidungen werden im Gehirn getroffen, ohne dass oder bevor sie bewusst werden. Die Yoga-Philosophie geht von einem positiven Menschenbild aus. Im Allgemeinen würde die Ausstattung des Menschen reichen, individuell glücklich zu leben und eine so gute Kultur zu entwickeln, sodass sie zu diesem beiträgt. Störungen aller Art sind allerdings vorgesehen und oft unvermeidbar.

Der österreichische Tiefenpsychologe Alfred Adler (1870 bis 1937) griff die Lehre Sigmund Freuds auf und definierte den Sinn des Lebens nach dem Buddhismus, den er kannte. Der Sinn sei ein entwickeltes Gemeinschaftsgefühl zur Lösung der Lebensfragen; ihm entspricht ein Vollkommenheitsstreben des Menschen zu einer idealen Gesellschaft. Diese Philosophie setzt auf Erkenntnis, nicht auf Konditionierung. Der Unterschied zwischen der europäischen und der asiatischen Prägung besteht allerdings darin, dass die östlichen Philosophien ein reiches Spektrum an Meditationstechniken enthalten.

Glaubensreligionen wie der Islam und das Christentum stellen so viel Resilienz bei, wie die Gläubigen Gläubigkeit aufbringen. Erkenntnisreligionen fördern auch die allgemeine kreative Fähigkeit und entwickeln auf diesem Weg Resilienz, die allerdings etwas anders ist. Es ergibt sich die Frage, warum die Identifikation mit einem Gottesgefühl im christlichen Abendland so wenig Gefühl für die Natur entwickelt hat; wahrscheinlich ist die Schuld dafür, dass die Kirche im Interesse ihrer Macht ihren Mitgliedern wenig Freiheit zugestand.

Und nun wieder zu dem im Menschen angelegten Steuersystem. Die Gene sind die Träger der Erbfunktionen und damit des Bauplanes der Lebewesen. Die Funktion der Umsetzung wird von den Zellen übernommen; die Seele als Informationsträger befindet sich demnach in allen Zellen. In den Genen sind zwei Informationsstränge angelegt; sie bestehen aus Neuronen. Der eine bildet die körperliche Entwicklung; diese Informationen bleiben für den Menschen im Dunkeln. Der andere Informationsstrang bildet die psychische Entwicklung; mit etwas Mühe kann der Mensch in dieses Programm Einblick gewinnen und durch die Kenntnis des natürlichen Programms bessere Entscheidungen treffen.

Der aktuelle Streit im Vatikan zwischen konservativer und progressiver Auffassung zeigt zwei verschiedene Menschenbilder. Die Konservativen meinen, der Mensch habe eine Seele, die irgendwie im Menschen existiert und nach dem Tod des Menschen in den Himmel kommen und dort „weiterleben" könne. Diese Auffassung findet in der Praxis der Hexenverbrennung ihre traurige Konsequenz; man müsse den sündhaft gewordenen Körper verbrennen, um die in ihm gefangene Seele zu erlösen. Vielleicht kommt es aus diesem Geist, aus dem die Konservativen dem aktuellen Papst vorwerfen, er würde sich mehr um die Umwelt kümmern und nicht um die Rettung der Seelen.

Der Vorstellung einer Art substanzieller Seele bin ich auch im Hinduismus begegnet: Die Leichen werden verbrannt, um der Seele Freiheit zu geben. Arme Leute, die nicht genug Holz kaufen können, um ihren Toten ganz zu verbrennen, trösteten sich mit dem Gedanken, es wäre schon genug, den Schädel zum Bersten zu bringen, um der Seele einen Ausgang aus dem Körper zu ermöglichen. Wie weit diese Vorstellung einer quasi-materiellen Seele verbreitet ist, weiß ich nicht. Eine Religion, die von der Gesellschaft inkulturiert wird, muss zumindest anfangs dem geistigen Niveau dieser Gesellschaft genügen; als etabliertes Kulturgut wird sie oft nicht mehr auf der Höhe der Zeit so streng beurteilt.

Der Yoga, der ein Teil des Hinduismus ist, braucht die Vorstellung einer substanziellen Seele nicht; für ihn ist die Seele als Information zwar auf den Körper als ihrem Träger angewiesen; als abstrakte Dimension hat sie aber keine Substanz. Die Seele ist die Information, die als Programm die körperlichen und geistigen Prozesse bewirkt. Es kommt dazu, dass Kinder erst im zweiten Lebensjahr ein „Ich-Gefühl" entwickeln; die Seele ist also eher nicht ident mit dem „Ich-Gefühl". Mit den Begriffen „Hardware" und „Software" aus der Computersprache ergibt sich ein demgemäßes Verständnis heute leichter als früher; die Informatik bezieht so manchen Gedanken aus dem Yoga und dem Buddhismus. Um den Begriff Nirwana als das „Erlöschen einer Flamme" pointiert auszudrücken: „Das Licht geht nirgendwo hin, wenn es ausgeht."

Hängt man der Vorstellung der progressiven Christen an, der Mensch würde nur in einer Dimension leben, so ergibt die Hexenverbrennung keinen Sinn und die Bewahrung der Umwelt, in der die realen Menschen leben, wäre eine der Notwendigkeiten für dieses Leben; Körper und Seele sind in Einheit verbunden. Nach der Ansicht der Yogis besteht der Mensch nicht aus den Substanzen Körper und Seele, sondern aus Struktur und Organisation; die Organisation ihrerseits besteht darin, Materie, Energie und Information im Körper und mit der Umwelt in Harmonie zu halten. Die Seele der konservativen Christen scheint in der Metaphysik irgendwie substanziell zu „existieren"; die Yogis brauchen die Metaphysik insofern nicht, weil jedenfalls die relevanten Funktionen innerhalb der Physik vorhanden sind und die chemo-elektrischen Prozesse auch da stattfinden.

Die Yogis versuchen durch die Meditation (das ist Innenschau) etwas Licht ins Dunkel zu bringen, indem sie die Prozesse im Gehirn beobachten. Die Prozesse sind abstrakt – sie beruhen also nicht auf Bildern. Die höchste Stufe – die Erleuchtung – wird wohl nur von wenigen erreicht, aber jeder Schritt auf diesem Weg ist eine Stufe zur Erweiterung des Bewusstseins, in dem sich die Kreativität und die Erkenntnisfähigkeit entwickeln. Die geistigen Prozesse finden im Wechselspiel von konkretem und abstraktem Denken statt.

Das konkrete Denken wird durch den Sehsinn dominiert; bei Blinden tritt die haptische Wahrnehmung an die Stelle der optischen. Beim abstrakten Denken nimmt die Vorstellung eine wichtige Rolle ein; sie nimmt oft Symbole zu Hilfe. Ein Bild, das einen Mann, eine Frau und ein Kind zeigt, kann eine oder keine Familie darstellen; ob es eine ist, muss man wissen. Stehen einige Schafe auf der Wiese, die schwarz ausschauen, so wird der Normalbürger sie erfahrungsgemäß für schwarze Schafe halten. Ein Naturwissenschaftler müsste differenzierter vorgehen, da sie auf der anderen Seite auch weiß sein könnten. Analogien sind nicht verlässlich.

Der Physiker weiß, dass alles eine Ursache hat; über die Ursache von allem kann er nichts aussagen; viele Menschen halten schwer aus, etwas nicht zu wissen; das Gefühl drängt sie, dieses Abstraktum zu benennen, und sie geben ihm Namen wie JAHVE, GOTT oder ALLAH und statten sie mit verschiedenen Vorstellungen aus. Diese Vorstellungen hindern sie zu erkennen, dass der Gott der anderen der gleiche sein muss wie der eigene. Es gibt wahrscheinlich nur eine Grundursache.

Der Hinduismus als Volksreligion Indiens bietet mit seiner breit aufgestellten Götterwelt eine Vielzahl von Funktionsträgern.

Obwohl für den Yoga das Kausalitätsgesetz ein wichtiger Teil seiner Lehre ist, verzichtet er darauf, auf der höchsten Abstraktionsstufe zwischen Ursache und Wirkung zu unterscheiden und fasst die Ursache des Kosmos und den Kosmos zusammen im Wort „OM" mit der Bedeutung „alles, was ist"; dieser als Pantheismus bezeichnete Zustand ist im Christentum nicht sehr begehrt. Für den Yogi ist die Verwendung der geistigen Funktionen Abstraktion und Symbolik tägliches Brot; ohne diese beiden Funktionen wäre seine Kommunikation mit dem Unbewussten unmöglich. Als konkretes Denken kann im Übrigen auch der Mathematiker nicht auf diese Methoden verzichten. Im Unterschied zu vielen Religionen verzichtet der Yogi allerdings auf den Bezug zur Metaphysik; er braucht keinen extraterrestrischen Himmel; er begnügt sich mit der Euphorie, die auch unter dem Namen „Himmel auf Erden" bekannt ist.

Dieses Thema wird wohl nur für wenige zum täglichen Leben gehören; als Programm aber, um sein Denken zwischen abstrakt und konkret unterscheiden zu lernen, kann es hilfreich sein. Begegnet man jemandem auf seinem Weg zur Kantine und kommt man ins Gespräch und ärgert sich, dass man zu spät zum Essen kommt, muss dieser Zufall den anderen nicht unsympathisch machen. Auch jemand, der eine andere Auffassung bei einem politischen Thema hat, kann durchaus sympathisch sein. Es gilt, die Körperfunktionen richtig wahrzunehmen. Es geht um das Selbstgefühl; es geht auch um die richtige Einschätzung etwa des Hungergefühls: Handelt es sich um eine Unterzuckerung des Blutes oder um eine Reaktion auf eine Frustration? Man könnte Dutzende Beispiele anführen; es geht um die optimale Einpassung der Gefühle in das Leben.

Der Körper ist unter anderem das Instrument der Wahrnehmung; in der rekursiven Schau wird er auch zum Objekt. Diese Fähigkeit, die wohl nur dem Menschen gegeben ist, ist für ihn wesentlich; für ein gelungenes menschliches Leben ist die Nutzung dieser Fähigkeit aber auch erforderlich.

Erforderlich ist deshalb auch ein optimaler Umgang mit dem Unbewussten, das für die wesenhafte Ausprägung des Menschen so wichtig ist. Das Unbewusste ist mit seinen Träumen und Vorstellungen zur Metaphysik hin offen, sollte sich aber nach der Yoga-Lehre nicht dorthin verlieren. Hier scheiden sich die Geister: Das Christentum nimmt die Trennung von der Wissenschaft in Kauf; im Yoga bleibt man im Rahmen der Wissenschaft mit ihrer „Außenschau" und erweitert sie durch die Innenschau. Jede Wissenschaft ist nur so gut wie ihre Instrumente. Und der Mensch mit all seinen Fähigkeiten der Wahrnehmung *und* Entscheidungsmöglichkeiten ist das wichtigste Instrument. Das Wissen über sein Selbst ist im Yoga wesentlich und ist so viel Wert wie das Wissen über die Außenwelt.

Je nach der Qualität seines Glaubens gewinnt der Christ Resilienz gegenüber den weltlichen Problemen; und wenn ihm seine Gläubigkeit auch spirituelle Erfahrungen vermittelt, reduzieren sich auch seine inneren Dissonanzen. Der Yogi geht es umgekehrt an: Er versucht durch Körper-, Atem- und Geistesübungen innere Erlebnisse zu erlangen, die ihn auf seinem Weg weiterführen.

4

Yoga und Blindheit

So wie lange Beine oder große Hände weder Läufer noch Schwimmer machen, so sind diese Qualitäten sehr wohl Vorteile für die jeweiligen Sportler. So ist Blindheit für sich keine Vorgabe auf dem Yoga-Weg; allerdings bildet der Einsatz der Techniken, die ein Blinder täglich üben muss, einen Startvorteil. Bevor die Schrift in einen verbreiteten Gebrauch gekommen ist, war sein vielfach trainiertes Merkvermögen auch für seine Umgebung ein Vorteil. Außerdem tut ein Blinder gut daran, jeden Weg, den er gehen will, sowohl auf Grund von Beschreibungen als auch auf Grund seiner Erinnerung in die Vorstellung zu bringen und diese jeweils mit der Wirklichkeit abzugleichen. Damit ist er oft damit befasst, mit Widersprüchen umzugehen und zwischen Wissen, Vorstellung und Einbildung unterscheiden zu lernen. Diese drei nicht unterscheiden zu können ist eine häufige Quelle von Fehlern, deren Folgen sich früher oder später auswirken werden; diese Unfähigkeit ist nicht nur für Blinde, sondern für die Gesellschaft insgesamt ein Problem.

Sich eine gute Vorstellung machen zu können ist eine wichtige Qualität nicht nur für Blinde und Architekten, sondern für alle, die durch ihre Handlungen in die Zukunft hineinwirken. Gefährlich wird es, wenn sich die Vorstellung zu einer Einbildung oder zu einem Glauben verhärtet und diese die Wirklichkeit überdeckt. Das Gebot der Bibel „Du sollst Dir kein Bildnis machen" könnte diesen Fall im Auge haben.

Um sich dem physischen Schadensfall Blindheit nicht tatenlos auszuliefern, kann man sich mental entgegenstellen. Bei Blindheit ist der Prozess zwischen Wahrnehmung und Erkenntnis naturgemäß gestört; das fordert auf, sich damit auseinanderzusetzen. Und das fördert die Fähigkeit, abstrakt zu denken – eine Fähigkeit, die für Religion und Philosophie unentbehrlich ist. Übrigens ergibt die leichte Erreichbarkeit des „Arbeitsplatzes Gehirn" und seine meistens gegebene Verfügbarkeit eine gute Chance zu seiner Nutzung.

Und es gibt noch ein Phänomen, von dem man bei Blindheit direkt und indirekt profitiert. Die moderne Hirnforschung hat festgestellt, dass die einzelnen Gehirnfunktionen miteinander verbunden sind. Bei Blindheit erfährt man, dass Eindrücke des subtilen Hörens ins Sehzentrum gelangen und da als Gesichtseindrücke wahrgenommen werden – vielen Blinden ist das bewusst.

Aufgrund meines vorgerückten Alters schwindet nun diese Fähigkeit – und indem ich es verliere, merke ich erst, was ich damit verliere. Dieses auf einem indirekten Weg erzeugte Sehen vermittelt so etwas wie Nebelbilder, die bei größeren Gegenständen durchaus eine Reichweite von mehreren Metern erreichen können. Auch die Tasteindrücke, wie sie beim Lesen der Blindenschrift entstehen, werden im Sehsinn entschlüsselt und werden als Seheindrücke wahrgenommen, wobei die natürliche Bahnung der Nervenströme gleich auch ein Training für das abstrakte Denken darstellen kann. Denken besteht aus der Verknüpfung mehrerer oder vieler Gehirnzentren; Erkenntnis ist das Ergebnis dieser Funktion.

Bei von Blindheit Betroffenen ergeben sich zwei Trainingsfelder. Das eine Training fördert die Merkfähigkeit. Das andere Training besteht darin, aus haptischen und akustischen Eindrücken sowie aus Erklärungen eine Raumvorstellung zu erzeugen und damit das abstrakte Denken zu stimulieren.

Mit der praktischen Verbreitung der Schrift hat die gehobene Merkfähigkeit blinder Menschen die Bedeutung, wie sie vor dieser Entwicklung gegeben war, eingebüßt und das Fehlen der Lesefähigkeit hat zu einem Informationsnachteil geführt.

Durch die Entwicklung der Blindenschrift und die Entwicklung der Elektronik ist nun die Informationsbehinderung weithin aufgehoben und Blinde können wieder versuchen, in dem Raum, in dem sie einen Heimvorteil haben – nämlich im abstrakten Denken – teilzunehmen. Das betrifft nicht nur Fähigkeiten in der Informatik, sondern auch die Entwicklung von Philosophie und Religion.

Sie können versuchen, so manche Widersprüche zu finden und bewusst zu machen, bevor diese ihre schädlichen Wirkungen hervorbringen. Im deutschen Märchen wird die Kunst der direkten Schau den Kindern zugewiesen, wie das Märchen vom König mit den neuen Kleidern zeigt. Die Erwachsenen meinen, er habe neue Kleider; ein Kind sieht, dass er nackt ist. Dieses Märchen reflektiert das Spiel von Wissen, Vorstellung und Einbildung. Die jeweils gegebenen Bedingungen eröffnen eine spezifische „Schau"; vielleicht sind Blindheit und die anderen Behinderungen nicht nur Zufallsakte der Evolution und nicht Bosheitsakte der Schöpfung, sondern Einrichtungen, die für eine Hochkultur notwendig sind.

Da denken „probehandeln im Kopf" ist, ist die Fähigkeit, sich Vorstellungen machen zu können, ganz wichtig; diese sollen sich aber nicht zu Einbildungen verhärten. Im Alter von neun und zehn Jahren war ich Ministrant und liebte das breit angelegte Kunstwerk eines katholischen Gottesdienstes, das das Gefühl der Spiritualität durchaus auslöst; es nimmt auch den „Flow", der von der Musik bewirkt wird, mit herein. Eine kleine Irrationalität im System aber wurde mir auf einmal bewusst. Für GOTT, der vertreten durch Christus als Brot im Tabernakel als Zentrum der Veranstaltung gilt, sei die Kirche so schön ausgestaltet, sagte der Pfarrer. Als ich jedoch einmal hinter den Altar kam, erkannte ich diese Erklärung als falsch; der Raum, einige Zentimeter hinter Gott, diente als Ablage von Gerümpel.

Für Gott war die Kirche nicht so schön, sondern für die Leute, um in ihnen eine schöne Vorstellung von Gott zu erzeugen. Das Thema „Vorstellung, Einbildung und Wirklichkeit" war für mich erwacht. Mit meiner zunehmenden Erblindung, die erst eintrat, als ich schon erwachsen war, ist das Thema zunehmend auch praktisch relevant geworden; für meine philosophische Ausrichtung und meine politische Gedankenwelt ist das Thema sehr spannend geworden.

Der Yoga und der Buddhismus empfehlen ganz allgemein hohe Achtsamkeit als Voraussetzung für ein glückliches Leben; für Blinde ist hohe Achtsamkeit eine Bedingung in ihrem Leben, um die notwendige Übersicht zu behalten. Und Achtsamkeit ist auch für den speziellen Yoga-Weg eine gute Voraussetzung. Mancherlei Situationen oder Beschäftigungen fördern den Eintritt von meditativen Stimmungen; es gilt sie auch zu nützen, indem man diesen geistigen Zustand willentlich zu erreichen sucht. Wichtig ist, viele geistige Dimensionen auszuschöpfen, dabei aber klare Sicht zu behalten und sie nicht falsch zu verknüpfen.

5

Mensch und Gesellschaft

Viel diskutiert werden die Widersprüche von Egoismus und Individualismus, die in dem einen Fall durch individuelle Bedürfnisse ausgelöst werden, im anderen Fall aber eine individuelle Betrachtungsweise ausdrücken, sozial positive Lösungen gesellschaftlicher Prozesse aber nicht behindern. Eine einem Rabbiner unterlegte Aussage deutet diesen Unterschied an: „Wenn Dir ein Jude oder ein Christ etwas Gutes tut, sollst Du dich bedanken; wenn aber ein Atheist das tut, sollst Du ihn auch umarmen, denn er tut es für Dich und nicht dafür, bei Gott gut angeschrieben zu sein oder in den Himmel zu kommen."

Am Dilemma der Corona-Impfung sieht man es auch: Wer tut was für wen?. Dass sich jemand nicht impfen lassen will, kann ich verstehen. Dass er aber andere dazu bringen will, sich nicht zu impfen, verstehe ich nicht mehr. Wenn er damit die Impfquote niedrig hält, fördert er die Einführung der Impfpflicht und hat das erreicht, was er nicht gewollt haben wird. Das Umkehrphänomen, das man Pechvogelsyndrom nennen könnte, zeigt sich in schrecklicher Weise auch beim russischen Präsidenten Putin. Er wollte die „Einengung" durch die NATO verhindern und hat sie herbeigeführt.

Wenn der griechische Philosoph Aristoteles recht haben sollte, ist der Mensch seinem Wesen nach als Gemeinschaftswesen konzipiert; weil es manchmal positiv zutrifft und manchmal wieder negativ, ist die Aussage interessant. Für ein kleines Kind trifft sie naturgemäß nicht zu, denn das Kind braucht volle Aufmerksamkeit für sich; ob die Aussage für das Erwachsenenalter zutrifft, hängt also von der Entwicklung ab.

Sigmund Freud beschreibt den Menschen als Kompositum von „Es", „Ich" und „Über-Ich"; das Über-Ich als die ethische Dimension des Menschen hält er also für etwas, das „von oben" und jedenfalls von „außen" eingebracht wird. Das entspricht auch der christlichen Doktrin, die von der Notwendigkeit der Bildung des Gewissens spricht und sich auf die Erlösungstat Christi beruft.

Die Yoga-Philosophie zeigt das Konzept von „Ich" und „Selbst", wobei das Selbst das „System Mensch" mit der Summe seiner Möglichkeiten ist und das Ich jenes, das die jeweils realisierten Fähigkeiten meint; diese sind naturgemäß immer geringer. Von den Tausenden Sprachen der Welt kann der Mensch nur einige wenige tatsächlich lernen. Aber die Entwicklungsmöglichkeiten kommen jeweils von innen; ihre tatsächliche Entwicklung braucht allerdings ein günstiges Umfeld. Die beiden Darstellungen zeigen jedenfalls ein anderes Menschenbild. Das „Selbst" der Yoga-Philosophie ist als „Urnatur" das primäre Entwicklungssystem des Menschen; es ist auch die Basis des Gewissens. Es macht einen Unterschied, ob der Mensch sich wirklich seines Gewissens bewusst wird oder ob ihm von außen ein dementsprechendes Verhalten anerzogen wird.

Das Christentum geht häufig von einem negativen Menschenbild aus und nimmt die Erbsünde zu Hilfe. Die Bildung, die in diesem Fall Konditionierung ist, würde verhindern, dass das Böse vom Inneren an die Oberfläche käme; zugehörige Ausdrücke sind „der innere Schweinehund" und „die Sau rauslassen". Die Reformpädagogik (Montessori etc.) hat die Erziehungsform von der autoritären zu einer demokratischen geändert und ist da, wo der Yoga auch ansetzt.

Mit der Einführung der Erbsünde und mit dem damit verbundenen Misstrauen gegenüber dem Menschen wurde ein problematischer Weg eingeschlagen; damit wurde nur die Entwicklung der Kirche gehemmt, die Entwicklung in der Aufklärung aber ist explodiert. Die Kirche ist mit der Gläubigkeit als ihrem Rezept gegen Unglück und Leid gescheitert; neben ihr ist die Philosophie, die sich mit den Fragen „warum" und „wozu" beschäftigen würde, viel zu langsam gewachsen und jedenfalls unzureichend geblieben.

Im Yoga ist das „Ich" die komplexe Funktion von Körperbewusstsein, der Summe der erworbenen Fähigkeiten und der Einstellung, die das Verhalten modifiziert. Normalerweise wird das „Ich" als Einheit erlebt, weil die einzelnen Funktionen eine gemeinsame Erfahrung haben. Kommt es aber zu einschneidenden Erlebnissen, so kann das Gefühl auftreten, dass mit diesem Erlebnis ein neues Leben begonnen hat. Mir ging es so mit der ersten Indienreise; das Leben vorher erschien wie hinter einem Schleier.

Der Yoga und der Heilige Eckhart haben ein positives Menschenbild; sie halten den Menschen in seinem Kern sogar für göttlich. Die Bildung entspricht der Entwicklungshilfe für diesen guten Kern. Eckhart hätte die Theologie zu einer Psychologie heruntergestuft und hätte damit das Christentum vom Himmel auf die Erde gebracht. Nestroy hat das so ähnlich gesehen und lässt den Menschenfeind sagen: „In Wirklichkeit bin ich ja ganz anders aber ich komme nur so selten dazu"; manchmal findet sich eben für diesen Kern keine ausreichende Entwicklungsmöglichkeit.

Die Kultur entstand und entsteht aus dem Eintrag der vielen Menschen, die ihr Leben entweder einfach leben und gelebt haben, und der wenigeren, die im politischen Geschäft als Religionsführer oder als Philosophen ihre Beiträge eingebracht haben. Von besonderem Interesse sind die Übergänge der Interessenslagen. Im Menschen selbst ist es die Abwägung der aktuellen Wünsche gegenüber den für die Zukunft zu erwartenden. Für die zwischenmenschlichen Beziehungen nennt etwa Immanuel Kant, dass die Freiheit des einen an der Freiheit des anderen enden solle. Rechtswesen und allgemein wirkende Ethik sind

Ausdruck des weiten Spannungsfeldes in der Gesellschaft, wobei Rechtslage und von der Gesellschaft empfohlene Ethik natürlich auch nicht immer etwas und manchmal sogar wenig miteinander zu tun haben. Ethik als empfohlenes Verhalten oder als empfundene Verhaltensrichtlinie sollte mit langfristiger Vernunft nicht im Widerspruch sein.

Die von außen eingebrachte Ethik, wie sie die Religionen zu kennen vorgeben, trifft nicht immer auf die Empfindungen der Menschen. Insbesondere Religionen mit einer patriarchalischen Führung neigen dazu, von den Frauen höhere Moralwerte zu verlangen als von den Männern; das ist Ursache und Wirkung eines patriarchalischen Systems. Dazu kommt die Tatsache, dass die Menschen aus Gründen des Überlebens nach zwei Wertsystemen leben können; zum einen ist es das Wertsystem des Kampfes und zum anderen das Wertsystem des Friedens. Welches von beiden dominiert, wird alternierend einerseits von der Familie und andererseits von der Gesellschaft vorgegeben.

Auch den Gesellschaften, die lieber im Frieden leben wollen, wird manchmal die Notwendigkeit der Verteidigung aufgedrängt. In einer Gesellschaft, in der Verdrängung als Psychotechnik verbreitet ist, wird die folgende Aussage nicht gut ankommen. Der diffuse Friedenswille, der in der zivilisierten Welt vorherrscht, wird eine gewaltsame Auseinandersetzung so lange nicht verhindern können, bis es gelingt, eine dafür taugliche Lebensgestaltung einzurichten. Der Krieg ist die „Ultima Ratio", die die Menschheit in das ökologische System, das auf der Welt herrscht, einpassen wird. Ohne den Bestand von Atomwaffen wäre dieser Gedanke leichter zu ertragen.

Der Versuch, die Rechtslage der Ethik anzunähern, zeigt sich in der Entwicklung der Menschenrechte. Dabei hängt die Qualität der Ethik von der Sensibilität der Menschen ab. Als in den 1980er-Jahren an der Affäre Waldheim Österreich wegen seiner aktiven Beteiligung an der Nazipolitik weithin kritisiert wurde, hat sich der damalige belgische Premierminister besonders hervorgetan. Ihm ist offensichtlich nicht aufgefallen, dass die Einwohner des Kongobeckens auch Menschen waren und sich Belgien in seiner afrikanischen Kolonie ähnlich unmenschlich wie die Nazis in Deutschland aufgeführt hatte. Nicht immer ist Sensibilität der Ursprung der praktischen Ethikvorstellungen; sie und mit ihr die Rechtslage sind oft das Ergebnis eigenartiger Prozesse. Der Mangel an Sensibilität ist heute der Grund des ökologischen Dilemmas, unter dem der aktuelle Lebensraum der Menschen und vieler Tiere schon leidet, der von der aktuellen Gesellschaft aber noch kaum wahrgenommen wird.

Die Augen als Organe der Wahrnehmung zeichnen manchmal ein falsches Bild – sie lassen die Meere, die Kontinente und den Äther als unendlich erscheinen. Aus dem daraus erzeugten Gefühl der Unendlichkeit der Welt tun die Menschen weiter wie bisher. Das Wissen um die Zusammenhänge, das es schon gibt, spielt wenig Rolle; seit 1978 weiß man – oder kann man wissen –, dass der CO_2-Ausstoß schädlich ist; der CO_2-Ausstoß ist etwa in Österreich seitdem weiter gestiegen.

Um das offensichtlich irreale Gefühl von der Unendlichkeit der Welt nicht aufgeben zu müssen, wird im Bedarfsfall der Gedanke auf die ebenfalls irreale Hoffnung gesetzt, der moderne Mensch könne das Problem durch seine Erfindergabe technisch lösen. Weil die Tatsache der Begrenztheit der Welt kaum noch zu leugnen ist, rettet sich die Vorstellung in Gläubigkeit. Es bedarf aber vielmehr der emotionalen Umstellung, um das Problem organisatorisch lösen zu können. Wie viel Erde braucht der Mensch?

Wir haben es mit einer interessanten Situation zu tun: Die durch die Augenwahrnehmung erzeugten Emotionen gestalten das Verhalten der Menschen. Wahrnehmung findet aber ihr Ende nicht bei der Entschlüsselung der Eindrücke der Sinnesorgane, sondern sollte im Bewusstsein weiterentwickelt werden – das wäre „Besinnung".

Das Darstellungsverbot der Bibel („Du sollst dir kein Bildnis machen") scheint diese Notwendigkeit anzudeuten. Je weniger das Bewusstsein aktiviert ist, desto mehr Rolle spielen die Sinneswahrnehmungen; Hochkulturen brauchen aber viel Bewusstheit. Manche Hochkulturen wie die griechische oder die indische haben diese Sichtweise nicht nur gehabt, sondern auch realisiert. Daraus ist manchen Blinden als Sehern ein ehrenvoller Job und eine wichtige Aufgabe zugewachsen: Es geht darum, der in die Irre führenden Dominanz insbesondere falscher Bilder ein Gegengewicht zu geben.

Eine wichtige Aufgabe jeder Gesellschaft ist es, materielle und immaterielle Werte in ein gutes Verhältnis zu bringen. Als Moses mit den „Zehn Geboten Gottes" vom Berg heruntergekommen war, sah er, dass sein Volk ein goldenes Kalb angebetet hat; er sah darin eine Hochschätzung der materiellen Werte und war darüber verärgert. Er bevorzugte den immateriellen Wert Gemeinschaft, die JACHVE als Corporate Identity im Zentrum hat. Das Auspendeln der beiden Wertegruppen gelingt manchmal besser, manchmal schlechter.

Heute werden viele gesellschaftliche und so gut wie alle wirtschaftlichen Prozesse in Geld gemessen; Geld ist nur eine Messgröße, aber kein Wertmaß. Dadurch werden die immateriellen Werte zurückgedrängt und die Gesellschaften gefährden die soziale Ordnung und die Menschheit sogar ihr Weiterleben auf der Welt. Die Wirtschaft ist ein Subsystem der Gesellschaft und die Menschheit ist ein Subsystem der Natur. Geht die Einordnung in dieses hierarchische Wertesystem verloren, bleiben die Handlungen der Menschen hinter den menschlichen Möglichkeiten zurück.

Der Staat verwaltet die Gesellschaft; er muss sich das Recht einräumen, die Entwicklung der Preise, der Einkommen und des Vermögens mitzugestalten und darf deren Entwicklung nicht dem Markt überlassen. Ein Vergleich der Möglichkeiten des Menschen, die ihm von der Evolution als Ausstattung in die Wiege gelegt sind, mit der konkreten Nutzung, die die

Kultur des christlichen Abendlandes hervorgebracht hat, ist erschreckend.

Um einen Vergleich darstellen zu können, muss man auf einem sehr niedrigen Niveau beginnen, und zwar beim Reptiliengehirn. Dieses funktioniert nach dem Reiz-Reaktionsschema. Der Schlangenbeschwörer weiß, dass der Abstand vom Kopf der Kobra zur Flöte ihr Verhalten prägt. Ist der Abstand mehr als 25 cm, so flieht sie; ist er weniger als 15 cm, so stößt sie zu und beißt. Innerhalb des Zwischenbereichs ist sie in ihrer Unschlüssigkeit gefangen und tanzt nach seiner Pfeife.

Wegen der gehobeneren Ausstattung des menschlichen Gehirns kann in einer solchen Zwischenphase ein meditativer Zustand entstehen und ursprüngliches Wissen ins Bewusstsein treten. Einen solchen Augenblick erlebt der Feldherr der Bhagavad Gita,(eine Figur der indischen Philosophie), als er vor dem Angriff zwischen den Fronten steht und unschlüssig ist, ob er angreifen oder flüchten solle; da erfährt er Yoga.

Das Gehirn hat sich auf dem Weg zum „Homo sapiens" evolutionär weiterentwickelt; wie sich zeigt, ist aber unsere Kultur nicht recht mitgewachsen. Der moderne Mensch „will haben", was er sieht und denkt wenig daran, ob er damit seiner sozialen Bestimmung gerecht wird; die letzten Generationen des christlichen Abendlandes leben, als ob sie die letzten Generationen der Menschheit überhaupt wären und sind damit noch ein schlechtes Beispiel für viele andere Völker und beschleunigen den Prozess der Zerstörung überhaupt.

Im Reptiliengehirn treffen sich die Wahrnehmungsimpulse direkt mit den Handlungsimpulsen; so entstehen aus Wahrnehmungen rasch Handlungen. In diesem Prozess gibt es weder die Notwendigkeit noch die Möglichkeit, die Reaktionen auf andere Dimensionen zu bedenken. Im menschlichen Gehirn wäre dafür ein weiter Raum vorgesehen – es ist wie ein großer See mit vielen Zu- und Abflüssen, der langfristige Möglichkeiten, soziale und ökologische Entscheidungen ins Spiel bringen könnte. Unsere Kultur fördert diese von der Natur vorgesehenen Möglichkeiten wenig, sodass wir fast wie die Reptilien nach einem Reiz-Reaktionsschema leben. Die Sinne dominieren unser Verhalten. Die Kontemplation – eine wichtige Aufgabe des menschlichen Gehirns und Merkmal einer Hochkultur – ist außer Gebrauch gekommen.

Ein positives Menschenbild nimmt an, dass die Grundausstattung des Menschen sowohl individuell als auch sozial gute Verhaltensweisen vorgibt. Das ist das Gewissen; beim Computer wäre es die Werkseinstellung. Das Leben bringt vielfältige Erfahrungen ein und löst viele Lernprozesse aus. Dieses Reservoir aus bewussten und unbewussten Erinnerungen bildet eine Erweiterung des Grundprogramms – häufig aber auch eine Verzerrung. Nach Yoga ist der Zweck der Meditation, sich seiner „Urnatur" bewusst zu werden und der Kultur zu helfen, nicht in „unmenschliches" Verhalten abzugleiten.

Einer der Gründe für die Entgleisung der euro-amerikanischen Kultur könnte in einem Zivilisationsgewinn liegen: Durch die Erfindung und Einführung der Elektrizität erleben die Menschen kaum noch Dunkelheit. Der Begriff „stockfinster" zeigt auf, dass früher nicht nur Blinde, sondern auch Sehende einen Stock brauchten, um sich fortzubewegen. Dunkelheit hat immer die Mystik geweckt und damit dem Unbewussten den Weg ins Bewusstsein geöffnet. Indem man sich auf die Meditation einlässt, kann man den Kulturverlust wieder ausgleichen. Auch der Romantik, die eine Zwillingsschwester der Spiritualität ist, hilft man etwa durch Candle Light Dinners auf die Sprünge.

Die aktuelle Realität, also die soziale und die ökologische Lage, haben bisher noch kaum die notwendigen Emotionen gestaltet; jedenfalls haben die Menschen kaum begonnen, auf die Situation der Endlichkeit der Welt sinnvoll zu reagieren. Die verbreitete Einnahme von Schlafmitteln ermöglicht vielen Menschen einen erholsamen Schlaf, verhindert aber quälende nächtliche Gedanken als Reaktion auf ein Fehlverhalten während des Tages. Die „Seele" scheint etwas lichtscheu und nachtaktiv zu sein; während des Tages hält sie sich mit Impulsen zurück und überlässt das Feld der Rationalität, die von Sensibilität weniger behindert ist. So kann der Egoismus dominant werden. Dass vielleicht einmal weniger Treibstoffe zur Verfügung stehen könnten, löst nur einen Trend zum Kauf von Geländefahrzeugen als eine Art Torschlusspanik aus.

Der Mensch hat insofern einen freien Willen, weil er machen kann, was er will; die Freiheit aber ist dadurch begrenzt, dass er nicht wollen kann, was er will. Die Willensbildung findet zu einem Teil im Unbewussten statt. Das Unbewusste besteht einerseits aus den Verhaltensempfehlungen, die der Mensch bei seiner Geburt mitbekommt – die Yoga-Theorie nennt das „Urnatur". Andererseits sind es immer auch Erfahrungen, die die Entscheidungen beeinflussen. Jemand sucht im Lichte einer Straßenlaterne seine Schlüssel; er weiß zwar nicht, wo er sie verloren hat, aber im Haus kann er nicht suchen; da gibt es kein Licht. Der Yoga empfiehlt daher Erleuchtung; diese ist zwar schwer zu haben, aber jeder Fortschritt ist ein Gewinn. Während die Kirche die Fortsetzung ihrer Lehren empfiehlt, setzt der Yoga auf neue Erfahrungen als Reaktion auf die Zivilisation, die der christlichen Kultur entglitten ist.

Mahatma Gandhi brachte das Problem mit dem Wechselspiel von Lebensstandard und Lebensqualität zur Diskussion. Da gäbe es genug, um den Bedarf aller zu erfüllen, aber nicht genug, um die Gier aller zu befriedigen. Der Lebensstandard weist die materielle Ausstattung aus, die Lebensqualität die innere Befriedigung. Sein Lebensglück zu finden, ohne das soziale und das ökologische Umfeld zu zerstören und letztlich sich selbst und jedenfalls das Leben seiner Nachkommen zu gefährden, ist das Thema der Lebenskunst. Der Sehsinn, der weit über das Individuum hinausgreift, verführt dazu, seine eigenen Unzulänglichkeiten im Außen zu kompensieren; als Blinder ist man in diesem Wettbewerb meist unterlegen. Mit seinen Startvorteilen kann der Blinde allerdings versuchen, unter Berücksichtigung seiner materiellen Interessen auch den kurzen Weg in sein Innenleben zu gehen und da Lebensqualität zu gewinnen.

Ich wuchs noch in einer Zeit auf, in der Lebensmittel noch rar waren; wenn ich oder einer meiner zwei Brüder mehr auf den Teller nahmen, als wir dann aßen, meinte meine Mutter, da seien die Augen größer als der Magen. Die Gier allerdings ist nicht ein Teil des Sehsinns und Blinde sind davon natürlich nicht frei. Und doch ist die Schönheit, die man mit den Augen genießt, eine große Verführerin. Die Gefährlichkeit liegt in ihr, wenn sie sich in Luxus ausleben will. Damit bringen wir heute die Welt an ihre Unbewohnbarkeit.

Es gibt aber auch ältere Beispiele. So hat die Aufbringung der Kosten für den Bau des Petersdoms die christliche Kirche in eine veritable Krise gestürzt. Und auch der aufwendige Bau des Potala (der Winterpalast in Lhasa) durch den fünften Dalai Lama gefährdete den Fortbestand des Buddhismus in Tibet; so wurde etwa die Buddha-Statue, die vor das vorgesehene Grab dieses Würdenträgers gestellt worden ist, mit dreieinhalb Tonnen Gold ausgestattet; da ging die Intellektualität des Buddhismus im Gesellschaftsspiel „Macht haben und Macht zeigen" unter. Schließlich und endlich kollabierte die Königsherrschaft in der Französischen Revolution wegen des Luxusbedürfnisses der Repräsentanten.

Als Österreicher freue ich mich, im Land ein Beispiel vorzufinden, nach dem relative Bescheidenheit einen friedlichen Ausgang ermöglicht hat: Maria Theresia ließ als Herrscherin über Österreich das Schloss Schönbrunn bescheidener bauen als der Entwurf nach französischem Muster vorgesehen hätte. Auch der Stephansdom in Wien hat nur einen Turm bekommen statt der vorgesehenen zwei.

Wer sich mit Luxus umgibt, wird regelmäßig mit bewundernder Ehrfurcht belohnt; wenn die Vermögens- und Einkommensverhältnisse in der Gesellschaft aber über ein Optimum hinausgehen und ein Maximum angestrebt wird, kann die Akzeptanz kollabieren. Eine fast absolute Akzeptanzgrenze gibt der Hunger vor, eine relative ein demokratisches Bewusstsein.

6

Natur und Kultur

Es stellt sich die Frage, ob der Mensch eine Fehlkonstruktion ist – dann wäre uns nicht zu helfen; oder hängt er nur einer falschen Kultur an? In diesem Fall wäre das Verhalten korrigierbar. Nach dem Menschenbild des Yoga ist die Ausstattung des Menschen – also das Selbst – ausreichend, sowohl ein individuell glückliches Leben zu führen und darüber hinaus seiner sozialen Verantwortung gerecht zu werden – also leben und leben lassen. Sowohl die Yogis als auch die Christen meinen, dass die Erfüllung der Verantwortung ein notwendiger Bestandteil eines gelungenen Lebens sei. Die christlichen Kirchen lehren, dass Christus die Menschheit erlöst habe. Von der Dummheit, die späterhin wirksam geworden ist, ist allerdings keine Erlösung sichtbar geworden.

Paulus als ein Apostel, der Christus nicht persönlich gekannt hat, hat die Dynamik der Lehre als Promotor sozialer Intelligenz nicht übernommen und hat sie als Glaubensreligion weitergegeben. Die rationalen Anteile der Religion wie Wahrnehmen, Denken und Erkennen sind zurückgestuft worden und die emotionalen Anteile wie Glauben, Hoffnung und Liebe sind in den Vordergrund gerückt. Das war ein Entmündigungsanschlag auf die einfachen Mitglieder im Interesse der Oberkirche, die weiterhin dachte, entschied und führte; allerdings hat auch sie unter der Reduzierung der Religion gelitten, wie die späteren Missgriffe zeigen. Im Konzil von Nicäa (im Jahr 325) hat sich die aus diesem Grund reduzierte Christus-Kirche im Geist des Römischen Imperiums umstrukturiert, wodurch wesentliche Aspekte der ursprünglichen Lehre verloren gingen; lebendige

Vielfalt wurde auf Einfalt dimensioniert. Mit der Überschätzung der emotionalen Qualitäten wurde die Gläubigkeit statt der sensiblen Wahrnehmung und des rationalen Denkens ins Zentrum gesetzt.

Christus hatte sich bemüht, gegen die Pharisäer, die Kult- und Tempelpriester waren, eine vitale Religion zu leben, deren Wesen die Besinnung ist. Für das Ende ihrer Verfolgung hat sich die junge Kirche im Konzil von Nicäa auf ein autoritäres Gesellschaftssystem eingelassen, in dem die Bischöfe Teil des Machtsystems geworden sind. Christus hat hingegen so etwas wie eine demokratische Gesellschaftsordnung eingeleitet; er hat sich mit Menschen aus der Unterschicht eingelassen und hat alle Menschen als seine Brüder und seine Schwestern bezeichnet.

Die autoritäre Haltung der römischen Kirche ist erst mit dem Zweiten Vatikanischen Konzil (1962 bis 1965) zumindest theoretisch beendet worden; sie ist damit in die Spur eingetreten, die Christus für seine Kirche vorgezeichnet hat. Einige andere kirchliche Gemeinschaften bemühten sich schon etwas früher, in diese Spur zu kommen.

Der Apostel Paulus leitete die weitere Entwicklung der Kirche und mit ihr auch der Gesellschaft insofern ein, als er die Emotionen „Glaube, Hoffnung und Liebe" voranstellte und damit die Rationalität zurückließ. Diese Zurückstellung kam Kaiser Konstantin zugute; er schätzte seine christlichen Soldaten wegen ihrer Kampfkraft. Im Glauben geübt waren sie gehorsame Kämpfer. In den Massenheeren war Gehorsam die oberste Qualität.

Die Trinität, die die Funktionsteilung Gottes ausdrückt, ist wie ein Stamm, aus dem drei Äste wachsen; sie gibt es auch im Yoga. „Jnana-Yoga" ist für Erkenntnis zuständig und entspricht dem Heiligen Geist. „Bhakti-Yoga" ist für Liebe und die Verehrung Gottes zuständig und empfiehlt die Verehrung Gott-Vaters als dem Schöpfer der Welt und auch der Schöpfung. „Karma-Yoga" ist der Yoga der „Tat"; er empfiehlt die selbstlose Tat und entspricht Christus. Im Konzil von Nicäa wurde der Ast der Erkenntnis ziemlich beschnitten; die Entwicklung nach dem griechischen Weg brauchte Konstantin nicht; die Gnosis als ein Weg der Erkenntnis war ihm entbehrlich.

So geschwächt traf die Aufklärung mit ihrem Techniksturm das Christentum, das ohne Waffengleichheit – also ohne entwickelte Rationalität – unterlegen war. Die Aufklärung ist geprägt durch Rationalität und Emotionalität; es fehlt ihr an Sensibilität und Ethik. Diese beiden Fähigkeiten sind notwendige Qualitäten des mündigen Bürgers und einer guten Religion. Weisheit ergänzt Rationalität mit Ethik; Sensibilität braucht Emotionalität zur Umsetzung. Um diese vier halbwegs in Einklang zu bringen, ist Spiritualität gefragt; diese sollte aber nicht durch Verzicht auf Rationalität angeboten werden.

In einem Kolloquium „Offenbarungs-Religion versus Erkenntnis-Religion" im indologischen Institut in Wien (wahrscheinlich im Jahr 1976) äußerte der Jesuiten-Pater Karl Rahner: „Möge mich der Blitzstrahl des Banns nicht treffen; aber zwischen Hinduismus und dem Christentum besteht kein Unterschied."

Weil der mystisch dominierte Hinduismus nicht institutionalisiert ist, gerät er mit dem auch intellektuell ausgestatteten Yoga nicht in Konflikt. Die Sprache des Unbewussten ist die Mystik; um mit sich und mit der Welt gut zurechtzukommen, sind die beiden Räume, der intellektuelle und der mystische, wichtig. Die Evangelisten zeigten insofern Qualität, als sie in ihren Berichten über den Auferstandenen einen Hinweis auf die mystische Dimension gaben; er kam durch verschlossene Türen und verschwand plötzlich. Das Christentum mit der Dominanz des Glaubens ist mit der Aufklärung, die die Rationalität in den Vordergrund gestellt hat, in Widerspruch gekommen. Die Kirche hat auf den Glauben und damit auf Emotionalität gebaut. Anstatt dass sich Religion und Aufklärung bemüht hätten, die jeweils andere zu verstehen, entwickelten sie sich nebeneinander und gegeneinander, wodurch die Gesellschaft mit ihrer Schizophrenie weitergelebt hat. So wie Sehen und Hören normalerweise komplementär funktionieren, sollte es auch mit Denken und Fühlen sein. Einseitiger oder alternierender Gebrauch sollte limitiert werden. Die Forderung der Aufklärung, die Wissenschaft sollte wertfrei sein, ist problematisch, weil die Anwendung ihrer Ergebnisse nicht wertfrei ist. Es ist nicht schwer, festzustellen, dass aktuell existente Probleme weniger gelöst als erzeugt werden; wer das nicht resignierend hinnehmen will, wird sich um Weisheit bemühen müssen. Es gibt einzelne Beispiele dafür, dass dem Menschen Weisheit möglich ist. Der Versuch, den notwendigen Schutz der Natur mit den gesellschaftlichen Interessen in Einklang zu bringen, zeigt an, dass sich der betreffende Mensch auf den Weg zur Weisheit begeben hat. Und die Weisheit, die die vorherrschende Engsicht der einzelnen Positionen überwinden könnte, wird notwendig sein. Hirtenqualität, nicht Herdenqualität ist gefragt.

In der Begegnung mit dem Römertum wandelte sich die Kirche nicht nur selbst, sondern trug die politische Kultur Roms über die Alpen, sodass auch da das Kapital dominant wurde und die demokratische Dominanz, die dem deutschen Rechtsempfinden wichtig war, dem System mit Eigentumsdominanz unterlag. In Skandinavien, wo der Einfluss Roms immer gemäßigt war, zeigt sich bis heute der positive Unterschied; dem entspricht, dass Dänemark das Land ist, das den weltweit geringsten Einkommensunterschied aufweist.

Es wäre interessant zu wissen, ob Karl der Große den Transfer des Christentums in sein Gebiet wegen des religiösen Inhalts oder wegen des römischen Beifangs forciert hat; immerhin handelte es sich um gemauerte Häuser, gepflasterte Straßen, ein qualitatives Agrarsystem, eine Schrift und eine entwickelte Verwaltung.

Karl Marx nahm seine Reformidee aus dem deutschen Rechtsempfinden. Die Agrarflächen der germanischen Siedlungen wurden zu gleichen Teilen auf die Familienväter zur Nutzung aufgeteilt; daraus entwickelte Marx die Idee von der Vergesellschaftung der Produktionsmittel. Seine Idee der sozialen Gemeinschaft wurde allerdings durch die Übernahme seiner Idee von Josef Stalin missbraucht; die Idee scheiterte an der Vergewaltigung durch den russischen Nationalismus und verschied unter ihrem Wert. Eine extrem autoritäre Führung kann wohl keine echte humanistische Organisation implantieren.

Der Feudalismus ist eine Gesellschaftsform, die eine Einteilung der Menschen nach ihren wirtschaftlichen Verhältnissen sowohl akzeptiert als auch erzeugt. Er geht auf das römische Recht zurück und wurde gegen die Christuslehre über ein Jahrtausend auch von der christlichen Kirche vertreten. Die aufgeklärten Wirtschaftstheoretiker beginnend von Adam Smith im 18. Jahrhundert bis zu Nell-Breuning mit seiner katholischen Soziallehre um 1931 setzten die Marktwirtschaft dagegen und scheiterten an der Realität; die Marktwirtschaft führte zu feudalistischen Verhältnissen zurück, die sie hätte überwinden sollen. Die konkrete Entwicklung hat auch zu einer krassen Ungleichheit der Einkommens- und Vermögensentwicklung geführt, die ihrerseits die Entwicklung einer ökologischen Wirtschaft erschwert bis unmöglich macht. Die von Christus gesetzte Denkanweisung „an den Früchten sollt ihr sie erkennen" ist nicht zur Anwendung gekommen. Die Empfehlung Christi war, nicht nur prozessorientiert, sondern auch ergebnisorientiert zu denken.

Der Wanderprediger Jesus von Nazareth hat die Idee der klassenlosen Gesellschaft durch sein Leben ins Spiel gebracht; die christliche Kirche hielt sich nicht lange an diese Idee und folgte dem römischen Gesellschaftssystem. Erst Karl Marx griff die Idee wieder auf, leitete sie aber nicht vom Christentum ab, sondern aus dem alten deutschen Recht. Da stand das Produktionsmittel Ackerland im Gemeinschaftseigentum des Dorfes.

In der Sozialenzyklika ‚Rerum Novarum' (1891) hat sich Papst Leo XIII. noch für eine Klassengesellschaft ausgesprochen, indem er die Idee einer klassenlosen Gesellschaft als „der Natur widersprechend" und nicht durchsetzbar verworfen hat. Eine Idee aufzugeben, nur weil sie schwer durchsetzbar sei, ist ein interessanter Ansatz. Nur weil Morde immer wieder vorkommen, verlangt niemand, den Kampf gegen sie einzustellen. Dass die Kirche die soziale Linie, die Jesus eingeleitet hat, verlassen hat, ist ihr gewiss vorzuwerfen. Dass ihr Verhältnis zur Natur nur schwach entwickelt war, ist verständlich; ihre Religion stammt aus einer Wüstenregion.

Große Einkommens- und Vermögensunterschiede zerstören ein demokratisches System und eine vertiefte Demokratie, die notwendig wäre, um soziale und ökologische Aspekte in die Politik zu bringen, kann niemand lehren; Kinder gewinnen aber ein Grundverständnis dafür, wenn sie ohne Unterdrückung und ohne Vernachlässigung aufwachsen. Es ist schon 50 Jahre her als ich meinen Guru, Swami Yogeshvaranand Sarasvati, fragte, ob das soziale oder das ökologische Problem gefährlicher sei. Obwohl er am Lebensstandard der indischen Mittelschicht partizipierte, nannte er den Reichtum als die Ursache des Problems; dieser würde richtige Entscheidungen erschweren. Da erinnere ich mich an den Spruch meiner Mutter: „Nobel geht die Welt zugrunde." Marx wollte durch seine These die soziale Notlage auflösen; heute geht es darum, den ökologischen Kollaps zu verhindern, dafür sind neben technischen Maßnahmen auch sozialpolitische Reformen notwendig.

Viele Völker, denen man keine westliche Aufklärung attestiert, gefährden eine friedliche Entwicklung auf der Welt durch überbordende Kinderzahlen, die Völker mit entsprechender Aufklärung gefährden ihn durch zu großen Luxus. Es ist einzusehen, dass wahrscheinlich schon Mehrheiten oder zumindest renitente Minderheiten aus den sogenannten zivilisierten Völkern dem Bevölkerungsdruck durch andere Völker widerstehen wollen. Die Menschenrechte und die Flüchtlingskonvention sind nicht als Lösung des Bevölkerungsdrucks ausgerichtet, sondern sollen nur bei individuellem Druck auf Personen helfen. Kriege und Hungersnöte lösen aus menschenrechtlicher Sicht keinen Zwang zur Aufnahme von Flüchtlingen aus. Aber wie sonst auch ist es schwierig, zwischen kollektiven und individuellen Problemen zu unterscheiden. Ob die sogenannten zivilisierten Völker oder die Völker ohne westliche Aufklärung ihre spezifischen Probleme zuerst oder überhaupt in den Griff bekommen, liegt in den Sternen.

Dabei stellt die Zunahme der Bevölkerung in den armen Ländern nur für diese Länder ein Problem dar, indem es die Reduktion von Armut verhindert. Afrika etwa erzeugt mit seinen 1,6 Milliarden Menschen weniger als zehn Prozent des Treibhausgases; die Schädlichkeit liegt im sogenannten „zivilisierten" Leben. Die 330 Millionen Bewohner der USA bringen es immerhin auf vierzig Prozent des weltweiten CO_2-Ausstoßes.

Die Armutsflüchtlinge stellen insofern ein Problem für die zivilisierten Staaten dar, als sie uns herausfordern, unsere möglicherweise empfundene oder konditionierte Verpflichtung für die Einhaltung der Menschenrechte auszuleben oder uns doch auf unsere Lebensinteressen zurückzuziehen. Die Lage ist für sensible Mitbürger peinlich genug, weil wir durch eine wirtschaftlich mangelhafte Ausrichtung der ökologischen und der ökonomischen Verhältnisse diese Armut mitverursachen. Wie viele Immigranten werden akzeptiert? Sind es so viele, wie unter der Bedingung der faktischen Begrenzung tatsächlich einreisen? Oder wären es alle, die unter der Bedingung ungehemmter Einreise kommen würden?

Die Mitbürger, die die Flüchtlinge als Kollektiv sehen, tun sich leichter, sie pauschal abzulehnen. Wer die Flüchtlinge oder einige von ihnen als Individuen wahrnimmt, hat ein Problem; so hat beispielsweise die Rückschiebung junger Mädchen durchaus öffentlichen Ärger ausgelöst. Aber weder der große Konflikt um Freiheit und Frieden noch diese kleinen Ärgernisse haben bisher den Blick auf die gesamte Problematik geöffnet. Die Maxime der euro-amerikanischen Kultur ist, Frieden und Freiheit anzustreben – und das sind Zielvorgaben, die unvereinbar sind. Frieden kann es nur geben, wenn man die Freiheit nur dem Geist zugesteht, nicht aber dem Handeln. Insbesondere die ökonomische Freiheit wird einzuschränken sein.

Und auch der Übergang der Führungsmacht in Afrika von den Europäern zu den Chinesen hat uns noch nicht aufwachen lassen. Die Industrialisierung mit ihren „Sachzwängen" überfordert die aktuelle Fähigkeit der verantwortlichen Menschen; die aktuellen Wirtschaftstheorien stellen sich als pseudowissenschaftlich heraus. Geld ist nur ein Mittel zur Steuerung, aber keine Maßeinheit. So lange in Geld gemessen wird und nicht die Erde zum Maß aller Dinge wird, steht es um die Zukunft schlecht. Solange wir unsere Lebensverhältnisse nicht einmal auf die Zukunft und damit einmal auf die Lebensverhältnisse unserer Enkel und Enkelinnen ausrichten, wird es auch mit dem Humanismus in der Immigrationsfrage nicht weit her sein.

Die Christen träumen von der Erlösung im Himmel und ihre Nachfolgekultur, die von der Aufklärung geformt worden ist, sieht die Hoffnung in der Freiheit. Dem Yoga ist es wichtig, dass wir die Bindung an den Körper, an die Gemeinschaft und an die Natur, die tatsächlich besteht, wahr und ernst nehmen.

„Liebe und Wein machen blind", sagt der Volksmund. Und an diesem Glücksprogramm wäre an sich nichts auszusetzen, würden die Christen nicht noch die Gefühle Hoffnung und Glauben zulegen. Diese Gefühle haben gewiss ihre Qualitäten; um sie aber gegen die anderen Geistesfunktionen und gegen die Wirklichkeit vorrangig ins Spiel zu bringen, hat sich das Christentum nicht von der Metaphysik mit Himmel und Hölle getrennt und ist dafür für die Aufklärung unglaubwürdig geworden. Und die Naturwissenschaften haben sich zu wenig um die Entwicklung der „Lebenskunst" gekümmert; die Geisteswissenschaften sind auf der Strecke geblieben. Dadurch ist die Menschheit an den Rand ihrer Überlebensfähigkeit geraten.

Goethe hat gemeint, die Religion des Naturwissenschaftlers wäre der Pantheismus; damit würde er sich mit seiner „inneren Schau" (das ist Spiritualität) auch geistig innerhalb der Welt einrichten und die Betrachtung der Welt wäre nicht nur eine oberflächige. Die Schau von außen führt zu dem vorherrschenden Imperialismus. Aber weder die christlichen Priester, die ja die Spiritualität für ihr Glaubensprogramm nützen, noch die Naturwissenschaftler haben sich der Aufgabe gestellt. Die Nutzung der Welt ist der Ökonomie überlassen worden.

Das zentrale Gefühl, das der Religion entspricht, ist wahrscheinlich die Ehrfurcht. Goethe hat sie als göttliche Dimension in der Welt gegenüber der materiellen Welt empfunden und an ihr seine Orientierung gefunden. Von einer metaphysischen Variante der Gottesvorstellung, die das Christentum verbreitete, hielt er weniger. Er erkannte aber, dass diese mehr zur Unterordnung der Menschen taugt als zur Einordnung des Menschen in die Welt. Die Führung hat versagt – ein ausreichendes Verantwortungsgefühl ist nicht entstanden.

Der Mensch ist so wie das Leben an sich auf Kooperation hin ausgelegt; aber wenn nicht einmal die mentale Kooperation von Rationalität und Sensibilität funktioniert, brauchen wir uns über die Ergebnisse nicht zu wundern. Die australischen Ureinwohner leben ihre Kultur seit 65.000 Jahren; wenn es auch nicht verlockend ist, diese Kultur zu leben; unsere Kultur ist jedenfalls nicht auf Dauer ausgerichtet.

Das Gehirn ist die Zentrale für die Informations- und Steuerfunktionen; die Trennung ihrer Komponenten Rationalität und

Emotionalität hat sich als Unglück herausgestellt. Zwar muss man das Denken einstellen, wenn man Informationen aus dem Unbewussten ins Bewusstsein heben will; die gewonnene Information braucht aber die Kooperation mit der Rationalität. Eine Dominanz des Glaubens über die Erkenntnis mag zwar trösten, bewährt sich aber nicht auf Dauer. Die Kirche wollte die Liebe zu Christus entwickeln und die Aufklärung bemühte sich darum, die Natur so weit zu verstehen, um sie untertan machen zu können. Für die Sensibilität für die Natur hat das Christentum keine Spiritualität entwickelt. Die eine kümmerte sich darum, die Seelen in den Himmel zu bringen und die andere um das leibliche Wohl der Menschen, wobei es überwiegend um aktuelle Interessen und nicht um längerfristige Lösungen gegangen ist und geht. Der Kirche mangelt es an Rationalität; die Wissenschaften sind zwar rational, ihnen fehlt allerdings die kognitive Dimension, nämlich die Frage nach der Verantwortung für die Natur und für die Gesellschaft. Keines der beiden Systeme vermittelt das Gefühl, dass es ein gutes und dauerhaftes Leben auf der Erde nur in Gemeinschaft mit ihr gibt.

Die Sensibilität oder Empfindsamkeit ist der Teil des Gefühls, der sowohl die Impulse aus dem Körper als auch aus der Umwelt wahrnimmt und beurteilt; sie ist autonom und individuell und kann nur stimuliert werden. Die Emotionalität ist hingegen der Teil des Gefühls, der die Impulse mit Energie ausstattet und so ihre Umsetzung ermöglicht. Heute motivieren die Gesellschaften die Emotionen und führen sie an der Prüfstelle der Sensibilität vorbei; hier wäre ein Rückverweis auf Besinnung geboten. Durch die Umstellung der christlichen Religion auf eine Glaubensgemeinschaft hat sie die verbindende Kraft, die in einer Religion liegen sollte, verloren. Um wichtig zu sein und um Macht zu haben, hat sie Gott, den sie zu vertreten vorgibt, missbraucht und hat sich zwischen Mensch und Natur gestellt. Die Frage, ob das Verhältnis zwischen Guru und Schüler der Freiheit des Schülers dient oder ihn an den Guru bindet, stellt sich auch im Yoga. Die Entfremdung des Menschen von seiner eigenen Natur in unserer Kultur ist jedenfalls die Ursache für die krebsartige Entwicklung des sogenannten Fortschritts.

Die Funktion einer Religion ist, das im Menschen angelegte Wissen, das vorerst im Unbewussten ruht, ins Wissen zu bringen und aktiv zu machen – das fehlt in unserer Kultur. Auch die individuellen Menschen aktivieren ihre Sensibilität häufig nicht; sei es aus Fahrlässigkeit oder aber aus Absicht, um sich beim Ausleben ihrer Emotionen nicht stören zu lassen. Die Qualität der Kultur hängt vom Wechselspiel der Faktoren Sensibilität, Rationalität und Emotionalität ab. Der Mensch kommt für maximal hundert Jahre auf die Welt und findet einen ziemlich großen „Spielraum", den er als moderner Mensch weidlich nützt; die Gesellschaft, deren Teil das Individuum ist, wäre an sich auf Dauer ausgerichtet – das individuelle Verhalten berücksichtigt das aber kaum.

7

Besinnung als Ausweg

Wenn es auch schon viele sind, die erkennen, dass die Fortsetzung der aktuellen Kultur zur Zerstörung der Lebensgrundlage der Menschen führt, sind es noch zu wenige, um eine wirksame Reform herbeizuführen. Manche sehen die Dramatik nicht, andere würden sie sehen, verdrängen das Gesehene aber, um ihr Verhalten nicht ändern zu müssen. Weil alle relevanten Dimensionen wie Erde, Wasser und Luft betroffen sind und die Lösung all der verursachten Probleme aus gutem Grund schwer zu lösen erscheinen, droht die Resignation. Vor der Einfahrt in die kulturelle Sackgasse, in die uns die missglückte Aufklärung geführt hat, haben uns die Glaubensreligionen Judentum und Christentum nicht bewahren können. Mit ihnen und dem Islam könnten wir allerdings noch weitere tausend Jahre leben; sie haben von Zeit zu Zeit die drei apokalyptischen Reiter, und zwar Seuchen, Unglücksfälle und Kriege zu Hilfe genommen, um Verengungen durch Übervölkerung zu verhindern.

Mit der von der Aufklärung verursachten Kultur geht es aber kaum noch hundert Jahre weiter.

Obwohl es viele sind, die weiterhin an die Lösungskraft der nackten Rationalität glauben und weitermachen wollen wie bisher, scheint doch der Zeitpunkt gekommen zu sein, die Besinnung wieder ins Spiel zu bringen und nicht nur technische Auswege zu suchen, sondern auch organisatorische. Es ist etwa fraglich, wieviel Energie ohne Umweltschaden zur Verfügung gestellt werden kann und wie weit sich die Menschen auf eine allfällige Reduktion einlassen würden.

Dafür ist die Zusammenarbeit von Rationalität, die im Bewusstsein wirkt, und Spiritualität, die aus dem Unbewussten kommt, notwendig. Diese beiden Erkenntnistechniken sind dem Menschen von Natur aus gegeben, ihre Nutzung, die seine Kultur ausmacht, liegt in seiner Hand.

Der Kulturaspekt, auf einen Erlöser zu hoffen, als dessen Realisation in Judäa Christus entstanden ist, entspricht auch der Yoga-Bewegung in Indien; in ihrer mystischen Ausdrucksweise verspricht deren Gott allerdings immer dann zu inkarnieren, wenn auf der Welt danach Bedarf bestünde. Yoga bereitet den Geist so weit vor, dass dieser Geist bemerkt wird, wenn er kommt, oder dass er kommt, weil man sich auf ihn einrichtet. Die Besinnung steht im Zentrum: Sie bildet einen Bereich, der ohne Bilder auskommen muss und sich also auf tiefgehende und weitsichtige Gedanken richtet. Zum Wesen der indischen Kultur gehört also, auf die Geburt eines Menschen mit göttlichen Fähigkeiten zu hoffen, der mehr Einblick in die Zusammenhänge in der Welt besitzt als der Normalmensch. Wer immer sich mit seinem eigenen Wesen auseinandersetzt und damit wesentliche Erkenntnisse gewinnt, ist auf dem Weg.

Die Vernachlässigung der Suche nach dem, was wesentlich ist, ist das große Problem im christlichen oder im profan gewordenen Abendland. Da für Christus nicht Glaube, sondern Einsicht wesentlich war, wäre wohl auch für seine Nachfolger wichtiger, sich nicht im Glauben zu stärken, sondern sich um Einsicht zu bemühen. Dafür kann das Darstellungsverbot, das vom biblischen Moses in die „Zehn Gebote Gottes" hineingeschrieben worden ist, eine wichtige Rolle spielen. Funktionen wie die „Seele" als Leitungsfunktion des Menschen als Individuum oder die Kraft oder Energie, die den Kosmos dominiert oder in ihm existiert und von manchen mit dem Namen Gott bezeichnet wird, entziehen sich der Darstellung; und werden sie trotzdem optisch dargestellt, so bleibt diese Darstellung weit hinter dem Wesen der Funktion zurück.

Bilder, die so gern in den Religionen eingesetzt werden, haben etwas Gemeinsames mit dem Wegweiser; sie sollen den Weg zeigen, aber nicht im Weg stehen und uns nicht hindern, weiterzugehen und auch die Sicht auf die Welt nicht verstellen. Die Welt hat – was immer sie sonst noch sein mag – für den Menschen die Funktion, sein Lebensraum zu sein. Die durch die optische Wahrnehmung entstandene Vorstellung, die Welt sei unendlich, ist trügerisch und zumindest für die Menschheit äußerst schädlich. Für ein Überleben der Menschheit und vor allem ein friedliches Weiterleben gibt es noch großen Bedarf, eine geeignete Kultur zu schaffen, die der Natur gerecht wird.

8

Erlösung durch Glauben
oder Erkenntnis

Die Natur des Menschen gibt ihm das Instrument der Verdrängung, um ihn wie ein Stoßdämpfer vor überwältigenden Ereignissen zu schützen und ihm Zeit zu geben, sie zu bewältigen. Das gilt nicht nur für schreckliche Ereignisse wie eine aktuelle Begegnung mit dem Tod, sondern auch für erfreuliche wie den Gewinn einer Goldmedaille. Manche Sportler sagen, sie bräuchten noch ein bisschen Zeit, um es zu glauben.

Die christliche Religion hat die natürliche Fähigkeit, zu verdrängen, kultiviert und die Unsterblichkeit der Seele in ihr Zentrum gestellt. Das ist angenehm und insofern glaubhaft, als man selbst allenfalls nur eine Alterung des Körpers, aber keine Alterung an seinem psychischen System merkt. Die Kultivierung des Unendlichkeitsgefühls hat auch so lange keine negative Wirkung gehabt, bis mit der Aufklärung die Wirkkraft des Menschen zu groß geworden ist, um von der Natur verkraftet zu werden.

Einerseits hat die Euphorie der Aufklärung über den Fortschritt, der in Wissenschaft und Technik entstanden ist, blind gemacht gegenüber dem Gesamtzusammenhang des Lebens; andererseits hat sich die christliche Religion, die die Verdrängung der Wirklichkeit der Natur im Programm hatte, als unfähig gezeigt, die Einfahrt in die Sackgasse, in der sich die Menschheit befindet, zu verhindern. Möglicherweise hat die Aufklärung die Verdrängungstechnik, die das Zentrum der christlichen Religion ausmacht, übernommen und fälschlicherweise der Natur übergestülpt. Wenn man annimmt, dass Religionen Wirkungen haben, so ist es auch geboten, sie auf allfällige schädliche Nebenwirkungen zu untersuchen.

Der christlichen Religion eine Mitschuld an der gegebenen Situation zu geben, spricht eine große Kulturkritik aus; sie aber nicht in die Verantwortung zu nehmen, würde jedem Kulturverständnis widersprechen. Eine Religion sollte sich jedenfalls nicht darauf hinausreden, dass die Agnostiker und Atheisten genauso versagt haben. Indem eine Religion die Spiritualität als Erkenntnismittel ins Spiel zu bringen vermag, steht ihr die Möglichkeit der Selbstoptimierung der Menschen offen; gelingt ihr dies nicht, bleibt sie hinter ihren Möglichkeiten zurück.

Eine ähnlich gelagerte Psychotechnik, die die psychische Natur des Menschen als aktuelle Hilfe zur Verfügung stellt, ist das „Stockholm-Syndrom". Genauso wie bei der Gläubigkeit eine entsprechende Vorstellung der Wirklichkeit entsteht, können auch die Geiseln einer Entführung ihre Einstellung den Tätern gegenüber anpassen und Sympathie entwickeln. Die Identifikation mit dem Aggressor kann in einer entsprechenden Notlage lebensrettend sein; als Dauereinstellung ist sie aber problematisch und jedenfalls nicht gut für eine Demokratie.

Im Christentum geht es wie im Judentum und wohl in den meisten Religionen um den besonderen Schutz Gottes, den der Mensch für sich oder auch für seine Gemeinschaft erwartet. Der Gläubige erlebt dadurch eine Stärkung; ihm geht es wie einem Kind, das sich vom Vater beschützt fühlt. Der Gott seiner Vorstellung trägt die Letztverantwortung für sein Leben und entlastet ihn bei entsprechendem Glauben vom Druck der Verantwortung, was die Lebensentscheidungen erleichtern kann und von vielen als angenehm empfunden wird. Das gilt insbesondere für die Christen, seit die Kirche aufgrund der Aufklärung Teufel und Hölle aus dem Programm genommen hat. Wenn das Bild des Himmels aber die Hölle als Gegenbild verliert, verliert das Modell an sich seinen Sinn.

Die Faktoren Belohnung und Bestrafung, denen für die Erziehung der Kinder und für die obrigkeitliche Führung von Erwachsenen eine große Bedeutung gegeben wird, spielen auch in den Religionen eine große Rolle. Allerdings geht die Demokratie davon aus, dass Erwachsene reif sind und verantwortlich handeln; die Realität zeigt ein durchwachsenes Bild. Helfen Religionen den Menschen, Verantwortung zu übernehmen und damit Bürger zu werden? Oder tragen sie dazu bei, sie in mentaler Abhängigkeit zu halten und damit zu gut führbaren Untertanen zu machen? Die Demokratie braucht viele Bürger, die reif genug sind, um Einsicht in die Lebensumstände zu haben und dieser Einsicht gemäß zu leben. Ein Mangel dieser Fähigkeiten gilt nach dem Jugendgerichtsgesetz bei Jugendlichen zwischen 18 und 21 Jahren als strafmildernd; Kinder stehen bei uns nicht unter dem Strafgesetz.

Die „schwarze Pädagogik", die unter anderem vom deutschen Arzt Dr. Moritz Schreber im 19. Jahrhundert gelehrt wurde, hatte eine Zeitlang und ohne guten Erfolg das harte Programm von Belohnung und Bestrafung fortgeführt. Kinder entwickeln sich nach ihrer Natur und den auf sie ausgerichteten kultürlichen Einflüssen, was gemeinhin Erziehung genannt wird. Spielen Belohnung und Bestrafung eine dominante Rolle; so wird die natürliche Entwicklung in den Hintergrund gedrängt; das führt leicht zu Problemen. Die Reformpädagogik (etwa Maria Montessori) versucht, unter Nutzung der natürlichen Entwicklung – nicht gegen sie – die Kultur zu vermitteln.

Bald nach seiner Entstehung hat sich das Christentum unter dem Einfluss der römischen Kultur von einer Erkenntnisreligion in eine Glaubensreligion entwickelt; diese Form erfordert die Dominanz der Erziehung, weil sie viel Konditionierung braucht. Eine imperialistische Kultur braucht Menschen, die sich unterordnen lassen. Eine Demokratie braucht Menschen, die sich in ein System, an dem sie mitwirken, einordnen. Mit der Aufklärung (z. B. Jean-Jacques Rousseau) hat der lange Weg zur Demokratie begonnen und ist auch heute noch nicht am Ziel angekommen. Autoritäre und demokratische Erziehung sowie Formen der Laissez-Faire-Erziehung existierten mit verschiedener Dominanz nebeneinander.

Die Frage, warum gerade in Deutschland die autoritäre Erziehung, wie sie Schreber propagiert hat, so dominant geworden ist, ist nicht leicht zu beantworten; es könnte mit der hoch entwickelten Disziplin im preußischen Heer in Zusammenhang stehen. Der hohe Stellenwert des Gehorsams in der Gesellschaft hat jedenfalls die Führung des Hitler-Krieges ermöglicht. In den anderen Ländern West- und Nordeuropas übte der Schweizer Pädagoge Heinrich Pestalozzi (1746 bis 1827) mit seiner aus der Aufklärung kommenden Theorie stärkeren Einfluss aus; nach ihm ist die Anlage des Menschen als seine Natur gleich wichtig wie die Kultur. Das macht eine demokratische Haltung und sollte kulturelle Irrwege verhindern. Die aktuelle Hinwendung zu einem autoritären System in einigen Staaten Osteuropas weist auf deren familiäres Erziehungssystem hin.

In Westeuropa gilt heute weithin ein demokratisches Erziehungssystem, wie es etwa Maria Montessori mit ihrer Reformpädagogik im Geiste Rousseaus und Pestalozzis beschrieben hat. Dass es noch nicht gegriffen hat, zeigt sich nach wie vor an diversen Unterwerfungssystemen; dass die Reformpädagogik auch noch nicht durchgehend verstanden worden ist, zeigt sich daran, dass vielfach anti-autoritäre Erziehung angewendet wird. Der Mensch ist nur bedingt frei, denn er lebt in einer Gesellschaft und in einer Gemeinschaft mit der Natur. Für die Abkehr von der autoritären Erziehung das Wort „anti-autoritär" zu verwenden, war unglücklich, weil es auch wieder falsche Ergebnisse geliefert hat.

Kinder brauchen Autorität; was ihnen schadet, ist Willkür. Unter guten Bedingungen „entwickeln" sich die Kinder zu glücklichen und verantwortlichen Erwachsenen. Sowohl sie formen zu wollen als auch sie mental zu vernachlässigen sind häufige Fehler. Damit Kinder zu demokratischen Bürgern werden, müssen ihnen die Eltern auch Grenzen setzen; werden allerdings die Grenzen von egoistischen Eltern zu eng gesetzt, lernen die Kinder auch egoistisches Verhalten. Lassen sich die Eltern zu viel gefallen, indem sie ein Märtyrerverhalten einnehmen, werden sich ihre Kinder, wenn sie groß geworden sind, auch schwertun, sozialverträgliche Grenzen zu finden. Um im Weiteren ein wirklich optimales Verhalten zu beschreiben, tut sich die Theorie schwer; der Yoga gibt mit der Meditation eine Technik vor, um sich auch als Erwachsener in eine optimale Wesensidentität einzufinden, also Einblick in seine „Urnatur" zu gewinnen.

Für die Demokratie gilt der Grundsatz: „Der Andere könnte auch recht haben." In der New-Age-Bewegung wird manchmal auch der Grundsatz postuliert, jede Meinung sei gleichwertig. Ein solch „absoluter Relativismus" taugt nichts, denn er macht auch jede Meinung gleichgültig.

Die Funktion des Ich-Gefühls besteht darin, seinem Träger ein angenehmes Leben zu gewährleisten und ihn wenn möglich hin und wieder Glücksmomente erfahren zu lassen. Da der Mensch ein Gemeinschaftswesen ist, bezieht der Mensch auch Glücksgefühle aus der Gemeinschaft. Tiere haben nach verbreiteter Auffassung kein Ich-Gefühl; für ihre Lebenssteuerung haben sie den Instinkt. Die menschliche Gestaltungskraft und die Handlungsmöglichkeiten des Menschen sind jedenfalls zu vielfältig, als dass sie einfachen Reiz-Reaktionen überlassen werden könnten. Der erwachsene Mensch kann die Folgen seiner Handlungen voraussehen oder zumindest einschätzen; er wird verantwortlich für seine Handlungen. Dem Kind fehlt diese Möglichkeit; deshalb ist es auf Glauben angewiesen.

In einem Tierbeispiel lässt sich der Prozess des Erwachsenwerdens einfach zeigen. Der junge Braunbär lernt jagen und fischen, folgt aber immer noch seiner Mutter, um an ihrer Beute zu partizipieren. Wie so oft weist ihn die Bärin an, auf einen Baum zu klettern und auf sie zu warten; einmal kommt sie nicht. Nach einem, nach zwei oder nach drei Tagen wird der Hunger des jungen Bären so groß, dass er als erwachsener Bär vom Baum herunterkommt und sein Leben als erwachsener Bär zu führen beginnt.

Die Methode, jemanden ins Wasser zu werfen, damit er schwimmen lernt, bewährt sich im Leben des Menschen nicht recht; am anderen Ende macht die „Helikopter-Mutter", die ihr Kind nicht loslassen will, Probleme. Der Übergang vom Kind zum Erwachsenen ist ein Prozess, der sich langsam vollzieht und der den Eltern pubertierender Kinder durchaus Probleme macht. Wenn die Kinder nach der Schreber-Methode vorgeprägt worden sind, kommen die Probleme später. Wie zwingend Schreber die Erziehung gedacht hat, zeigt sich daran, dass er empfahl, Buben über Nacht Handfesseln anzulegen, damit sie nicht mit ihren Genitalien spielen können.

Dr. Schreber hat außer der „Erfindung" des Schrebergartens auch ein hartes Erziehungssystem vorgeschlagen: Kindern müsse man vor der Vergessensschranke (um das dritte Lebensjahr) den Willen brechen, damit sie ein Leben lang ihren Eltern gegenüber abhängig und ergeben bleiben. Diesem Gedanken liegt eine fehlerhafte Zielvorgabe zugrunde. Das Kind soll ein freier verantwortungsbewusster Bürger werden. Für Welpen gilt etwas anderes: Sie sollen ihrem Halter gegenüber ein Leben lang gehorsame Hunde bleiben.

Die indoktrinierende Erziehung der Menschen ist allein schon für sich das Problem, indem sie ein Leben lang Führungsfiguren suchen. Es entsteht zusätzlich eine komplementäre Fehlentwicklung. Gelingt es den Eltern nämlich nicht, die Entwicklung des Kindes zu dominieren, entwickeln und trainieren die Kinder einen überdimensionalen Abwehrreflex, der aus Angst häufig als Gewalt- und als Herrschaftsbedürfnis auftritt. So entstehen tyrannische Persönlichkeiten wie Stalin, Hitler, Putin oder Trump. Ein autoritäres Erziehungssystem erzeugt Herrscher und Untertanen. Damit scheint die Einbindung des Individuums in die Gesellschaft einigermaßen geklärt zu sein.

Ein anderes Problem stellt die Bindung des Menschen an die Welt dar; diese Bindung wird durch die Angst vor dem Tod bedroht. Um diese Angst zu nehmen, wählt die christliche Religion das Himmelsmodell. Als „Stoßdämpfer" scheint das einigermaßen zu funktionieren; und ich würde ein Kind, dessen Mutter gestorben ist, auch auf diese Art trösten. Wenn diese Taktik auch für den Einzelfall sinnvoll einsetzbar ist, so gibt sie wegen der schädlichen Nebenwirkungen doch eine schlechte Strategie ab. Einem Erwachsenen ist Wahrheit zumutbar. Den geistigen Aufwand, der für die Verdrängung notwendig ist, kann man auch für Erkenntnis einsetzen.

Der Hinduismus und der Buddhismus als Volksglaube nehmen auch eine Verdrängungsvariante an, nämlich die Wiedergeburtslehre. Der Yoga als intellektueller Teil des Hinduismus und der Mönchsbuddhismus üben jedoch die Meditation, um zumindest Teile des Unbewussten ins Bewusstsein zu bringen und damit Klarheit zu schaffen. Psychologie, Psychiatrie und insbesondere die Gehirnforschung bewegen sich im gleichen Fahrwasser wie Yoga und Mönchsbuddhismus. Sie empfehlen die Konzentration auf den Augenblick, um sich nicht in großen Spekulationen zu verlieren. Für den Hinduismus und den Volksbuddhismus reicht die Wiedergeburtslehre offensichtlich aus und macht auch weiter keinen Schaden.

Eine faktenorientierte Variante wählt das Judentum: Nach seiner Auffassung leben die Eltern in ihren Kindern weiter und die jüdische Gemeinschaft im Judentum; und wenn sich die Väter aufs „Gendern" eingelassen haben, erfüllen nicht nur Söhne, sondern auch Töchter und Enkelinnen ihren Wunsch nach Permanenz. Hingegen verspricht das Christentum mit einem großen Zugriff auf die Metaphysik offensichtlich ein individuelles Weiterleben im Himmel. Und wenn auch heute diese Gläubigkeit leise schwindet, so bleibt der Schaden, den sie angerichtet hat, im Geist der Menschen haften: Es ist die vorherrschende Sorglosigkeit gegenüber der Welt sowie insbesondere gegenüber den Lebensbedürfnissen der zukünftigen Generationen. Diesen Kulturaspekt zu betrachten, sollte dazu verhelfen, die notwendige Orientierung zu finden. Mit Himmel und Hölle hat das Christentum eine Führungshilfe für den Staat gegeben; es handelte sich also nur um einen obrigkeitlichen Trick. Die aktuelle Schädlichkeit erhielt der Himmelswunsch, als er durch die Aufklärung säkularisiert wurde und als Glauben an die weitgehende Lösungskraft der Technik weiterlebt.

Die Wiedergeburtslehre braucht weniger Metaphysik. Bei ihr geht es um die Permanenz des Lebens in der Natur; sie entspricht dem Gefühl des Menschen, in Einheit mit der Welt zu sein. Im Judentum geht es um die physische Weitergabe des Lebens; diese Denkweise scheint für das Leben des Menschen in der Welt die vernünftigste zu sein. Sie drückt klar aus, was ist; sie entzieht sich damit der Gefahr, fehlinterpretiert zu werden.

Mit der in der Bibel genannten Darstellung, dieser oder jener Prophet sei alt und lebenssatt gestorben, wird es ausgedrückt. Einer, der satt ist, steht leichter vom Tisch auf als der, der noch Hunger hat. Der Yoga empfiehlt so und so bewusst zu leben, sodass sich dieser Zustand auch tatsächlich einstellt. Die anderen können hoffen, mit weiteren Geburten dieses Lebensziel zu erreichen.

Insofern sich die Menschen nur menschliche Gedanken machen können, prägen die Lebensumstände auch die Vorstellungen für die Zeit danach mit. Das Christentum, das am Rand der Wüste entstanden ist, nahm die Härte der Wüste mit ins Programm: Mit der Tatsache, ob man eine Oase erreicht oder nicht, sind die Orte Himmel oder Hölle vorgegeben. Der Wald mit seinem gemäßigten Klima als Lebensraum für die indische Klassik verzeiht falsche Entscheidungen eher und gibt dem Gescheiterten weitere Möglichkeiten – dieser Gedanke öffnet die Vorstellung des Wiedergeburtsglaubens. Im Interesse ihres Lebens sind alle Lebewesen darauf angewiesen, die Realität ihrer Welt zu erkennen; die Wahrnehmung ist allerdings oft behindert und erzeugt immer wieder auch falsche Vorstellungen.

Die Philosophen in Indien wollten es genau wissen; und zur klassischen Zeit Indiens schickten die Könige ihre Söhne in den Wald zu den Yogis, um dort Genaueres über Leben und Sterben zu erfahren. Im Raja-Yoga (Königsyoga) wurde Führungsverhalten gelehrt; dafür ist es wichtig, Realität und Verdrängung auseinanderhalten zu lernen. In der Demokratie sind alle Bürger politische Führungskräfte; heute sollten auch sie für ihr Glück keine Verdrängungstechniken anwenden.

Im Yoga-Unterricht werden manchmal auch Bilder verbal angeboten, die durchaus herkömmlichen Himmelsvorstellungen entsprechen, schöne Landschaftsbilder etwa. Sie dienen der Entspannung als Einleitung einer meditativen Stimmung. Allerdings sollen sie am Ende der Unterrichtseinheit wieder aufgelöst werden, um nach der mentalen Wirklichkeit der realen Wirklichkeit der Außenwelt Platz zu machen. Dadurch sollen schädliche Nebenwirkungen verhindert werden. Ich empfahl meinen Schülern, nach der Yogastunde ums Auto herumzugehen und Reifen und Lichter zu überprüfen, bevor sie einsteigen und wegfahren.

In meiner Verantwortung als Schreiber dieser Zeilen muss ich mir die Frage stellen, ob es fair ist, die Vorfreude der Gläubigen auf den Himmel zu attackieren. In einigen Meditationserlebnissen habe ich „erfahren", dass „nicht-sein" nichts Schreckliches ist; nach diesen „Erlebnissen" erfreute sich das Gehirn einer wunderbaren Entspannung und Ausgeruhtheit; ähnlich wie die Menschen, die Nahtoderfahrungen hatten, habe auch ich aufgrund dieser Erfahrung ein ziemlich entspanntes Verhältnis zu Tod und Sterben. Ein Meister kann diesen „meditativen Null-Zustand" willentlich und möglicherweise jederzeit herbeiführen; ich erfuhr diese geistigen Zustände nur im Beisein meines Meisters und eher zufällig.

Aus Indien zurückgekehrt, zeigte sich die Umstellung beim ersten Begräbnis daheim. Von den drei Faktoren der Trauer war nur das Mitgefühl für die Hinterbliebenen übriggeblieben; das Bedauern für den Verstorbenen und die Trauer wegen der eigenen Sterblichkeit stellten sich nicht ein. Diese Erfahrung deckt sich mit der Yoga-Lehre. Weil das „Ich" keine Substanz hat, sondern nur eine Funktion der Materie ist, wird sie diese nicht überleben. Das Gefühl zu haben, eine Zeit nicht gelebt zu haben, ist möglich.

Außer der in einer Meditation oder in einem Nahtoderlebnis gemachten Erfahrung, nicht gewesen zu sein, wird auch von weiteren Erlebnissen berichtet. Die Sterbeforscherin Elisabeth Kübler-Ross hat Berichte gesammelt, wonach sich der Sterbende in einem Tunnel befindet und sich auf ein Licht am Ende des Tunnels zubewegt. Diese Erfahrung wird häufig als Beweis für einen Himmel ausgelegt. Unabhängig davon, dass der letztlich Nicht-Sterbende diese Erfahrung vielleicht im Rückwärtsgang macht, nimmt diese Sterbeerfahrung die Angst vor dem Sterben im weiteren Leben. Der erlebte Prozess, nicht ein Wissen davon macht den Unterschied.

Gegen den Glauben an den Himmel als Mittel gegen die Angst wäre nichts einzuwenden; die germanische Mystik stellte den gefallenen Helden die Walhalla und der Islam das Paradies in Aussicht. Allerdings ist es geboten, auf die Möglichkeit einer schädlichen Nebenwirkung hinzuweisen. Das im Keller des Bewusstseins stattfindende Erleben unterliegt nicht der Rationalität; die bewusste Verdrängung einer so einschneidenden Wirklichkeit wie der des Sterbens schädigt allerdings den Realitätssinn.

Weil die Kultivierung der Verdrängung wesentlich zur Entwicklung der euro-amerikanischen Zivilisation geführt hat, halte ich den Angriff auf diese Einstellung für gerechtfertigt. Neben den beiden persönlich motivierten Bemühungen, sich einerseits für sein Leben vor dem Tod und andererseits für sein Leben nach dem Tod einzusetzen, sind unsere Bemühungen, sich für die nachkommenden Generationen einzusetzen, schwach ausgeprägt. Die Zukunftsvergessenheit lässt sich einerseits als Fortsetzung der Verdrängungspraxis in der christlich-abendländischen Kultur erklären. Eine andere Erklärung wäre der religiöse Tiefpunkt der kirchlichen Organisation zur Zeit der Renaissance-Päpste – in der Zeit also, in der die Aufklärung ihren Höhenflug begonnen hat. Die angesprochenen Päpste waren nicht gerade vom Geist Christi beseelt. Heute ist die Zeit für eine geistige Umstellung schon knapp; Viele Jugendliche unserer Tage fürchten, dass die schlechteren Lebensbedingungen sie schon in ihrer Lebenszeit treffen werden.

Dass die christliche Religion den Blick auf die irdische Zukunft trübt und die Verantwortung ausblendet, zeigt sich deutlich in den Vereinigten Staaten, wo die Hälfte der Bevölkerung an die Schöpfungsgeschichte der Bibel glaubt, nicht an die Prognosen der Klimaforscher. Und wenn auch das Verhältnis zwischen Gläubigkeit und Verdrängung nicht immer so eindeutig ist; auch eine blinde Gläubigkeit stützt die Verdrängung. Die euphorisierende Wirkung der religiösen Gefühle ist eine erfreuliche Sache; leider ist die negative Wirkung der Verdrängungstechnik weithin unbemerkt geblieben.

Dass andere Kulturen die euro-amerikanische Haltung nachmachen, hebt unsere Verantwortung nicht auf, sondern weist uns als Verführer aus. Eine wesentliche Eigenschaft der christlich-abendländischen Kultur ist die Verdrängung der Tatsache, dass die Welt begrenzt ist und dass wir mit unserem Verhalten den Ast absägen, auf dem wir sitzen. Wahrheit ist dem Menschen nicht nur zumutbar – sie wahrzunehmen, ist von existentieller Bedeutung.

Dass nicht gleichgültig ist, was wir als und wie wir religiöse Aussagen nehmen, zeigt sich im Übergang von der Zeit der Religionsdominanz zur Aufklärung mit der angestrebten Dominanz der Rationalität. Weil sich die christliche Religion aus ihrem Kinderglauben nicht befreien hat können und sich die Aufklärung nicht ausreichend mit grundsätzlichen Lebensbedingungen auseinandergesetzt und keine passende Ethik entwickelt hat, ist die Grundhaltung Gläubigkeit dominant geblieben. Die Gläubigkeit blieb; nur der Inhalt der Gläubigkeit wechselte und bezog sich ab der Aufklärung auf den irdischen Himmel; sie stützt sich nach wie vor auf die Verdrängung der Wirklichkeit: Der schlechte Zustand des Lebensraumes Welt wird verdrängt und der technische Fortschritt wird als Heilmittel überschätzt.

So, wie die Menschen mit ihrem Lebensraum umgehen, entspricht das nicht der einzigen Möglichkeit der aufgeklärten Menschen, das Leben verantwortlich zu führen. Sind wir im christlichen Abendland, in dem dieser Lebensstil entstanden ist, kindlich geblieben?

Niemand ist schuld! Der Wissenschaftler erfindet etwas/der Techniker setzt es um/der Handel bietet es an/der Kunde stillt sein Bedürfnis/das Bedürfnis wird zum Bedarf/der Bedarf wird zum Sachzwang/der Sachzwang muss befriedigt werden, sonst bricht die Wirtschaft zusammen/das Militär muss den Zugang zu den Rohstoffen sichern. Die USA schreiben das sogar in ihre Militärdoktrin. China, das reich ist an seltenen Erden, hat ein gutes Argument, seine Streitkräfte auszubauen – starke Verteidigungskräfte haben allerdings schon öfter zu einem Angriff verführt. Macht zeigt nicht nur den Charakter, sie kann ihn auch verderben.

Die Trennung von Religion und Aufklärung, die dem christlichen Abendland passiert ist, hat sich keinesfalls bewährt; weder Religion noch Aufklärung haben sich um die Welt gekümmert, die ja unser Lebensraum ist. Nun stehen wir vor der Aufgabe, mit der Besinnung zu starten, um dem Erkenntnisbedürfnis eine bessere Richtung als bisher zu geben. Die Wandlung der Religion von der Besinnung zur Gläubigkeit, welche die Besinnung behindert, ist dem Abendland nicht gut bekommen. Die Aufklärung hingegen vernachlässigte die Spiritualität, die das Unbewusste aufschließt, ließ der Rationalität freien Lauf und hat die Suche nach Weisheit vernachlässigt.

Die Ausrichtung der christlichen Religion auf die Ewigkeit, die im Himmel stattfinden soll, hat auf der Erde einen Schaden angerichtet: Das Medikament, dessen positive Wirkung sich im Ablaufstadium befindet, kommt nun mit seiner negativen Nebenwirkung zum Tragen. In unserer Kultur wird der Glauben an die himmlische Ewigkeit immer weniger; die genetische Fortpflanzung, die dem Menschengeschlecht eine Art konkretes Weiterleben gibt, ist durch unser Verhalten schwer gefährdet. Dieser Satz mag fürs Erste absurd erscheinen – die Absurdität liegt aber weniger in der Darstellung; vielmehr ist die aktuelle Lebenswirklichkeit absurd.

In Indien werden die Begriffe „Heilige" und „Weise" (Saints and Sages) oft nebeneinander genannt; so wie ich das verstehe, besteht jedoch ein deutlicher Unterschied. Heilige schwimmen in einer Seligkeit, die sie in ihrem Unbewussten antreffen; es macht sie immun gegen die Probleme der Materialität und kann bis zum Selbstopfer als Märtyrer führen. Weise bleiben in ihrem Bewusstsein der Materialität ihres Lebens und der Welt verbunden, sind aber durch ihre Spiritualität auch Erfüller ihrer geistigen Dimensionen wie individuelle Würde und soziale Verantwortung. Wenn die soziale Bindung im Unbewussten verankert ist, wird sie auch Heldenmut hervorbringen. Wenn auch Rationalität mitspielt, sollte Übermut zu verhindern sein.

Tiefgehende Erfahrungen wirken auf die Psyche und formen den Menschen; sie können konstruktiv oder destruktiv wirken. Jede Meditation ist der Versuch, einen Blick in die Psyche zu machen und Wissen von der ursprünglichen Natur des Menschen zu erlangen. Nach der Erfahrung der Yogis ist sie positiv und hilft, ein positives Leben zu führen. In der christlichen Welt ist die Gläubigkeit die Voraussetzung für Spiritualität; die Glaubensbereitschaft wird aber durch die Aufklärung reduziert, sodass es bei Dominanz der Aufklärung nur selten zur Spiritualität und zur Weisheit als ihrer Frucht kommt. Ohne geistige Einkehr in sein Wesen ist die Entwicklung von Weisheit schwierig. Dabei ist Spiritualität oder Geistigkeit eine natürliche Fähigkeit des Menschen; so aber, wie die rationalen und musischen Fähigkeiten als Kulturtechniken in den Gesellschaften gelehrt werden, braucht auch die Entwicklung einer gehobenen Spiritualität in aller Regel die Unterstützung eines Lehrers.

Während der Hinduismus und der Volksbuddhismus mit vielen symbolischen Vorgaben umgehen, begnügen sich ihre Spitzendisziplinen, nämlich der Yoga und der Kern-Buddhismus, mit der Empirie; allerdings braucht es einen Anfangsglauben. Wenn der Schüler hartnäckig verweigert, zu glauben, dass Wasser aus den Elementen Wasserstoff und Sauerstoff, die für sich allein gasförmig sind, zusammengesetzt ist, wird aus ihm nie ein Chemiker werden. Der Zweifler, der das Experiment der Elektrolyse nachstellt, hat dafür eine bessere Ausgangslage.

Der deutsche Philosoph Arthur Schopenhauer schätzte den Buddhismus, wie ihn die Mönche denken, wegen seines vermeintlichen Pessimismus. Gegenüber dem christlichen Himmelsglauben ist alles, was weniger verspricht, natürlich pessimistisch; es kann allerdings mehr wahr sein.

Die Worte „Achtsamkeit" und „Gelassenheit", die aus dem Buddhismus kommen und in unserem Sprachgebrauch Fuß gefasst haben, zeigen die Ankunft dieser Gedanken in unserer Kultur. Im Yoga und im Buddhismus wird der Fokus des Lebens auf den Augenblick gerichtet; das ist die einzige Zeit, in der wir wirklich sind. Ein interessantes Beispiel eines solchen Kulturtransfers ist, dass der russische Dichter Lew Tolstoi die Gedanken Schopenhauers übernommen und in seiner Dichtung ausgedrückt hat. Mahatma Gandhi wiederum schätzte Tolstoi, weil er bei ihm die Denkweise seiner Kultur gefunden hat; er hat einem von ihm gegründeten Aschram (Wohngemeinschaft) den Namen Tolstoi gegeben. Auch mit Christus fand er sich in einer Kulturgemeinschaft und empfahl seinen Landsleuten, zumindest die Bergpredigt zu lesen. Wohl auch wies er damit die Besatzungsmacht darauf hin, dass ihre Kultur besser sei als ihr Verhalten in der Praxis.

Für einen Liebhaber und Verteidiger der westlichen Kultur mögen die dargestellten Gedanken unangenehm sein; dass wir uns aber langsam Gedanken über unser Verhalten machen sollten, ist aber nicht ganz von der Hand zu weisen. Christus lebte in einem reichen Kulturraum mit vielen Einflüssen; erst in der Römerzeit hat sich die Kirche auf eine geistige Inzucht und auf eine Monokultur umgestellt, ist steril geworden und war im weiteren Verlauf unfähig, die geistige Entwicklung der Menschheit mit ihren wissenschaftlichen und technischen Fortschritten in Einklang mit der Natur zu halten.

Zur Zeit der beginnenden Aufklärung hat sich die Ökonomie wesentlich geändert; das Maschinenzeitalter hat begonnen und mit ihm die Nutzung fossiler Energie und damit der Verbrauch und nicht nur die Nutzung der Erde. Die Kirche hat mit der Inquisition Glaubensschutz betrieben und war nicht offen, die Entwicklung auf ihren Sinn zu hinterfragen. Wer sich nur um sich selbst kümmert, der verkümmert.

Die Anpassung der Ethik an die Entwicklung ist im Rausch des Fortschritts unterblieben. Und der Kirche war die Erhaltung ihres alten Glaubensgutes wichtiger; und das Ziel der Aufklärung war, alles zu messen, was messbar ist und das andere messbar zu machen. So können wir die Zerstörung des Lebensraumes gut messen. Die Umstellung von rationalem Wissen in emotionales

Wollen geschieht im Unbewussten – und der Zugang zu diesem ist der Wissenschaft erst seit Kurzem in der Psychiatrie und der Gehirnforschung gelungen. Nur wenn die Menschen die beiden Gegensätze Rationalität und Spiritualität gemeinsam zur Wirkung bringen, ist eine friedliche Zukunft möglich.

Den Lebensraum, den uns die Erde gibt, haben wir uns eng gemacht; die Menschen werden sich wohl oder übel um eine andere Kultur kümmern müssen. Die Menschen außerhalb des Einflusses der westlichen Aufklärung verderben ihr Paradies durch eine zu große Kinderzahl; die Menschen innerhalb dieser Sphäre überfordern den Lebensraum, um ihre Luxusbedürfnisse zu befriedigen. Menschen jedenfalls, die noch naturnahe leben, haben einen viel geringeren ökologischen Fußabdruck und sind dadurch weniger schädlich als die, die mit der Zivilisation leben.

Der Hinweis der jüdischen Bibel, dass die Menschen durch das Essen vom Baum der Erkenntnis aus dem Paradies vertrieben worden seien, ist eine interessante Prognose, an deren Umsetzung die Menschheit eifrig wirkt. Der Mensch hat offensichtlich Vernunft. Sie nicht zu nützen, hat keinen Sinn; wir müssen allerdings versuchen, sie besser zu nützen als bisher.

Vielleicht ist die derzeit stattfindende Zerstörung des Lebensraumes ein Phänomen, das „self-fulfilling prophecy" genannt wird. Wenn diese Vermutung auch manchen ärgern könnte, so ist sie es doch wert, sie anzustellen. Um aus dem Schlamassel herauszukommen, muss man nach allen Richtungen hin ermitteln.

Und wie soll man das Schicksal des griechischen Halbgottes Prometheus interpretieren? Er brachte den Menschen das Feuer und wurde als Strafe dafür an eine Felswand geschmiedet; wohl als Strafverschärfung kommt jeden Tag ein Adler, um seine Leber zu fressen. Indem der Name „Prometheus" Vordenker heißt, heißt es wohl, dass das Vorausdenken straffällig macht. Mit dem Feuer beginnt der Fortschritt; mit dem Fortschritt, den die Menschen in und durch die Aufklärung machen, gefährden sie ihre Existenz. Die Nennung des Denkens in der griechischen Mythologie und des Erkennens in der jüdischen Religion als Ursache des Verderbens im Zusammenhang mit der aktuellen Weltlage erscheint nicht gerade aufbauend.

Yoga und Buddhismus propagieren Erkenntnis als Weg der Erlösung; so heißt es in einer Yoga-Schrift: „Nur zukünftiges Leid kann verhindert werden." Diese beiden Philosophien empfehlen allerdings einen anderen Erkenntnisweg; dieser besteht nicht darin, Rationalität oder Gläubigkeit dominieren zu lassen, sondern zu versuchen, Rationalität und Spiritualität gemeinsam zur Wirkung zu bringen. Dass der Kern einer Religion nicht metaphysisch sein muss, erstaunt einen Normal-Europäer; er schätzt die angestammte Religion wegen ihrer Metaphysik oder lehnt sie aus diesem Grund ab. Die Spannung ist auflösbar, wenn man Metaphysik durch Spiritualität ersetzt.

Die Spiritualität ist ein Bewusstseinszustand, in dem das Bewusstsein mit dem Unbewussten verbunden ist. Der Unterschied ist nur theoretisch klar, er ist aber auch nicht ganz leicht auszumachen. Die Spiritualität sucht die innere Wahrheit, ihre Sprache kann allerdings mystisch und damit etwas missverständlich sein. Nachdem Sigmund Freud das Unbewusste zum Objekt der Wissenschaft gemacht hat, wird der Unterschied erklärbar – die Meditation macht ihn erfahrbar. Vor allem geht es darum, ursprüngliches (instinktives) Wissen und erworbenes (vielleicht indoktriniertes) Wissen voneinander zu unterscheiden.

Es ist klar, dass die aktuelle Zivilisation mit der Dominanz der Rationalität ein Irrweg ist. Andererseits ist es nicht leicht zu zeigen, dass eine Heimkehr zur Spiritualität eine Rückkehr zu einem vernünftigen menschlichen Verhalten herbeiführen könnte; vor allem der Faktor Zeit deutet das Problem an. Aktuelle Hoffnung macht die Entwicklung in den europäischen Bevölkerungen, die mehr und mehr die Fehlerhaftigkeit des Systems einsehen; vielleicht geht diese Einsicht so tief, dass sie sich auch auf das Verhalten auswirkt. So hat sich in Brasilien eine gesellschaftlich wirksame Änderung ergeben, die eine Abkehr vom westlichen Materialismus zur indianischen Mystik zeigt. Wenngleich Indien auch nicht das Gelbe vom Ei ist, zeigt dieses Heimatland des Yoga und das Geburtsland des Buddhismus einige Eckpunkte, die Hoffnung tragen können. Indien hat es zumindest irgendwie geschafft, eine Demokratie zu werden; und es hat es geschafft, das Bevölkerungswachstum durch Volkswillen und nicht nur durch staatliche Gewalt wie in China einzuschränken. Und vor allem ist es Mahatma Gandhi gelungen, die Gewaltlosigkeit, die eigentlich nur eine Yoga-Disziplin ist, als Massenbewegung zu gestalten und mit ihr Politik zu machen.

Nachdem ich mit meinem Weltbild nicht auf das Weltbild des christlichen Abendlandes angewiesen bin, sondern mir mit dem Yoga eine andere Perspektive erschlossen habe, müsste ich mich um die Probleme, die die Bibel schafft, nicht kümmern. Da aber die Entwicklung unserer Kultur auch auf das Christentum zurückgeht, bleiben deren Probleme aktuell. Die Bibel stellt einen Schöpfergott dar, der neben der ganzen Schöpfung auch einen Menschen mit der Fähigkeit zur Erkenntnis geschaffen hat. Diesen hat er wegen der Nutzung dieser Fähigkeit aus dem Paradies vertrieben. Es stellt sich nun die Frage, ob diese unklare Beurteilung der Erkenntnisfähigkeit ursächlich für das aktuelle Dilemma ist. Die knapp 20 Millionen Juden, die auf der Welt leben, scheinen die Erkenntniskritik aus ihrer Bibel nicht ernst zu nehmen oder es auf ihre Art und jedenfalls nicht dominant zu verstehen; sie haben prozentuell die absolut höchste Anzahl an Nobelpreis-Trägern und sind unabhängig zur Vergleichszahl im Ranking weit vorne.

Europa als das Flaggschiff der modernen Zivilisation befindet sich in einem Orientierungsdilemma. Die christliche Religion empfiehlt Gläubigkeit und erklärt Erkenntnissuche als Grund für die Vertreibung aus dem Paradies. Die Aufklärung hat viele

Entwicklungen gesetzt, die diese Prognose verwirklichen. Die von der Religion gesetzte Hoffnung, Gott würde eingreifen, um die Menschen zu retten, schwindet; von vielen wird der Technik die Kraft der Erlösung zugetraut.

Die Yoga-Theorie zeigt drei Richtungen auf, von denen je nach der persönlichen Neigung eine, zwei oder drei gewählt werden können. Die eine Richtung ist der Emotionalität geschuldet; sie beruht auf Anbetung und Unterordnung unter einen Gott. Diese Richtung ist kultisch und entspricht etwa der christlichen Religion, nachdem sie sich in der Römerzeit von einer Erkenntnisreligion in eine Glaubensreligion verwandelt hat. Mit Musik, darstellender Kunst und Ritual hat das europäische Christentum eine hohe Stufe erreicht; diese Form brauchen wir nicht aus Indien importieren. Wenn sie gelingt, hat diese Form den Vorteil, dass sie immun gegen unqualifizierte menschliche Herrschaftsansprüche macht. Demgemäß wurden in der Nazi-Zeit kirchliche Funktionsträger überdurchschnittlich häufig von den staatlichen Organen wegen Widerstands verfolgt. Gläubigkeit ist allerdings der Gefühlssphäre zuzurechnen und ohne Stütze durch die Rationalität kein verlässlicher Weg. Ein Kind ist dem Vertrauen ausgeliefert; ein Jugendlicher wird kritisch; ein Erwachsener, der seine Erlebnisse reflektiert hat, ist allenfalls sogar weise.

Die zweite Richtung ist die Variante, die sich im sozialen Handeln erfüllt. Diese Form ist zwar im kirchlichen Raum in der Barmherzigkeit und in der Vergabe von Almosen steckengeblieben, hat aber nach einem kräftigen Nachschubimpuls durch Marx in der europäischen Sozialstaatsidee Indien um vieles überholt.

Die dritte Linie wird ‚Jnana-Yoga‘ genannt. Das Sanskrit-Wort „Jnana“ heißt Erkenntnis und ist mit dem griechischen Wort „Gnosis“ und wahrscheinlich auch mit dem süddeutschen Wort „gneißen“ verwandt. Dieser Erkenntnisweg ist wie die westliche Wissenschaft empirisch angelegt, beschränkt sich aber nicht auf die Außenperspektive, sondern macht durch die Innenperspektive den eigenen Körper und den eigenen Geist zum Objekt der Wahrnehmung. Dieser Yoga-Zweig etwa empfiehlt die optimale Nutzung der Komponenten Rationalität und Spiritualität, die gemeinsam zu Erkenntnis führen sollen und bei einiger Mühe auch können. Sich in sich selbst auszukennen ist jedenfalls dafür hilfreich, sich auch in der Welt zu orientieren. Manipulation besteht in der Nutzung des Unbewussten; sein eigenes Unbewusstes durch Meditation aufzuschließen, hat neben dem Forschungszweck den praktischen Nutzen, weniger oder vielleicht sogar gar nicht manipulierbar zu sein.

Man kann die Entwicklung des menschlichen Individuums skizzieren. Das Kind ist anfänglich absolut abhängig; der Pubertierende reift heran und lernt, für sich Verantwortung zu tragen; der Erwachsene trägt in der Mehrzahl der Fälle Verantwortung nicht nur für sich selbst, sondern auch für seine Kinder. Übertragen wir dieses Schema auf die Gesellschaft, so kommen wir zu einem erschreckenden Ergebnis: Insbesondere die zivilisierten Gesellschaften bemühen sich nicht, Verantwortung für ihre Nachkommen zu übernehmen und sind demnach der Pubertätsstufe zuzuordnen. Dieser Geist geht davon aus, die Welt nach Pipi Langstrumpf zu gestalten („Ich mache mir die Welt, wie sie mir gefällt"). Die Welt allerdings richtet sich nach ihren eigenen Gesetzen, nicht nach den Wünschen der Menschen.

Diese Aussage trifft auf das Wort des Nobelpreis-Trägers Konrad Lorenz: „Der gegenwärtige Mensch (er bezeichnet sich selbst als ‚homo sapiens') ist eine Zwischenstufe zwischen Primaten und Menschen." Der Unterschied zwischen den Ansichten besteht aber darin, dass Lorenz den Mangel in der Ausstattung des Menschen sieht und dass Yoga den Mangel in der Nutzung der Ausstattung annimmt. Das heißt, die vorhandene Möglichkeit in Fähigkeit zu bringen.

Das Christentum bietet viele Events auf, die der menschlichen Entwicklung entsprechen; auf drei von ihnen will ich weiter eingehen. Das Weihnachtsfest weist auf die Geburt hin und löst kindliche Gefühle aus. Es ist auch die Metapher für eine soziale Gesellschaftsordnung. Die Symbolsprache drückt die beiden Faktoren „Rückkehr zur Kindheit" und die soziale Dimension in der Verteilung von Weihnachtspackerln aus. Etliche typisch kindliche Denk- und Verhaltensweisen wie etwa Interesse an der Welt eignen sich gut für die Mitnahme ins Erwachsenenalter. Als dominante Haltung ist das kindliche Wesen für einen Erwachsenen allerdings unzureichend; für die Erlangung von Weisheit sind etliche Eigenschaften des Kindes unbedingt erforderlich. Als negative Nebenwirkung kann das Weihnachtsfest bei Erwachsenen auch zu einem Weihnachtstief führen, wenn sich die emotionale Rückkehr in die Kindheit umständehalber nicht ereignet. Eine erhöhte Spendentätigkeit ist das Ergebnis eines gehobenen sozialen Bewusstseins, das in dieser Zeit stattfindet. Nach dem Bibelwort müssen die Menschen so wie Kinder werden, um das Himmelreich zu schauen. Kinder haben einen guten Zugang zur Euphorie, die die Vorlage für die christliche Himmelsidee ist; und dann hat sich in ihnen noch nicht die Sorge um ihr Leben zu Geiz verfestigt. Aus diesen beiden Gründen ist Weihnachten ein Fest der kindlichen Psyche; der säkulare Erfolg dieses Fests scheint offensichtlich darin zu liegen, dass man seine soziale Geneigtheit voll genießen kann, ohne dass das reale Sozialgefüge gefährdet wird.

Das Osterfest erinnert ans Sterben; es bringt allerdings die Verdrängung ins Spiel, indem es mit dem Himmelsversprechen tröstet. Mit der Auferstehung und der Himmelfahrt Jesu ist es die Metapher für eine hierarchische Gesellschaftsordnung, indem Christus zur Rechten Gottes sitzt und den Papst (wegen optischer Anpassung und aus dogmatischer Annäherung als verkleinerte Figur) auf seinem Schoß trägt. Es gibt auch einfachere Versuche, eine hierarchische Ordnung plausibel darzustellen; einige Kulturen wie die altägyptische und die japanische stellen den Herrscher als einen Nachkommen der Sonne dar. Dass es im Christentum gelungen ist, nach dem Tod der Bezugsperson eine hierarchische Ordnung einzurichten, ist eine bedauerliche Meisterleistung. Das Leben dieses Wanderpredigers hatte mehr Bezug zu einer demokratischen als zu einer hierarchischen Ordnung. Er führte ein Leben als Wanderprediger und wurde nachträglich ins Zentrum einer Tempelreligion gestellt.

Mit dem Pfingstfest sollte wohl die Reifung des Kindes zum verantwortlichen Erwachsenen angesprochen werden; diese Botschaft hat über die Zeiten hinweg aber nicht ausreichend – und jedenfalls nicht gesellschaftsrelevant – gewirkt. Zu lange hat die Kirche auf Gläubigkeit gesetzt und intellektuelle Ausritte wie die des mittelalterlichen Meister Eckhart unterbunden. Er hätte die in den Himmel emigrierte Religion auf die Erde zurückgebracht, indem er einen Gottesfunken im Herz jedes Menschen vermutet hat. Es gelte, diesen zu spüren und pfleglich zu behandeln, also Weisheit anzustreben.

Judentum und Yoga kommen durchaus mit der irdischen Variante der Religion zurecht und haben deshalb kein Problem mit der Wissenschaft. Die aktuelle Wissenschaft hat allerdings große Probleme mit der Weisheit. So wie die imperfekten Religionen auch richtet sie ihre Aufmerksamkeit auf die angestrebten Ziele und negiert oder verdrängt die damit verbundenen negativen Nebenwirkungen. Sicher zu spät und wahrscheinlich auch zu langsam treten die Wissenschaften, die Religionen und die Politik den Rückzug aus der Sackgasse an. Die Tatsache ist klar; ich will es aber vollständigkeitshalber erwähnen: Die Wissenschaften sind im Rahmen der Aufklärung der Weisheit ferngeblieben.

Die euro-amerikanische Denkpraxis, nur die angestrebte Wirkung zu sehen und allfällige Nebenwirkungen außer Acht zu lassen, die ich sowohl dem Christentum als auch der Wissenschaft vorwerfe, zeigt sich auch in einem Aspekt bei der Übernahme des Yoga in unsere Kultur. Der Zweck des Yoga ist die Erkenntnis; listige Amerikaner haben den Zweck modifiziert und machten daraus das „positive Denken". Das verspricht Annehmlichkeit, greift aber zu kurz. Negatives mitzuerfassen ist wichtig, weil es spätere Schädigungen zu verhindern hilft. Auch der Text des Gottesdienstes der katholischen Kirche gibt Stimmungen vor; so sollen die Teilnehmer ihre Sünden bereuen und um Erbarmen bitten. Mit dieser Vorgabe erreicht man vielleicht einige, aber die anderen holt man nicht dort ab, wo sie sind.

Die Demokratie braucht nicht Untertanen, sondern mündige Bürger. Die Körper- und Atemübungen des Yoga stimulieren den Übenden, die Stimmungen in seinem Körper wahrzunehmen und damit zu üben, seiner inneren Wahrheit gerecht zu werden. Der Unterschied, ob man etwas „wahrnimmt" oder etwas „für wahr nimmt", macht viel aus; die innere Wahrheit ist oft durch Konditionierung überdeckt. Der Jesuitenpater Paul Zulehner, der der sozialwissenschaftliche Proponent der katholischen Kirche Österreichs ist, kennt offensichtlich die Schwäche seiner Organisation. Er hat es so gesagt: „Die Kirche wird entweder spirituell werden oder nicht mehr sein." Soweit das Zitat. Hätte die Kirche über Jahrhunderte hinweg die Gläubigkeit nicht angeordnet, sondern hätten sich ihre Repräsentanten bemüht, glaubwürdig zu sein, würde sich die Kirche heute leichter tun. Sie hätte das Vertrauen ihrer Anhänger nicht verloren und könnte mit ihren Geschichten die Emotionalität der Menschen durchaus stimulieren. Allerdings hat der Glaubenszwang einen Krampf draus gemacht. Durch die Verknüpfung der Spiritualität mit dem Glauben droht auch die Spiritualität, die als Kommunikation des Bewusstseins mit dem Unbewussten einen unverzichtbaren Wert hat, zu schwinden.

Die Kirchen haben ihre Meditationstechniken zur Unterstützung der Gläubigkeit verwendet und nicht als Erkenntnistechnik. Neben dem Zeitverbrauch für die Arbeit und dem vielschichtigen Unterhaltungsprogramm bleibt den Menschen unserer Tage gerade noch Zeit, ihre persönlichen Interessen zu planen, aber kaum noch Zeit, über die gesellschaftlichen Notwendigkeiten nachzudenken.

Die überlieferten Beispiele haben bestenfalls eine erklärende Funktion, keine gestaltende; sie können nur Anstöße sein, den eigenen Erkenntnisweg zu starten. Die von Christus erzählten Wunder weisen ihn als Heiler aus; die Kirche wies auf diese Wunder hin, machte eine Verdrängungstechnik daraus und nützte sie als Reputation für sich. In diese Falle bin ich hineingetappt, glaubte zu lange an eine Heilung meiner Augenkrankheit und verlor mich über Jahre meiner Erblindung in einer Hoffnung auf Heilung. Eine ehrliche Auseinandersetzung hätte mir viel Leid erspart. Ein Priester, der Psychotherapie lernt, folgt dem Modell Christi viel eher als einer, der den Gläubigen von den Wundern seines Herrn erzählt. Der kolportierte Satz „Dein Glaube hat dir geholfen", den Christus nach der Heilung eines Blinden gesagt hat, ist nicht klar und kann auch zur Belastung des Gläubigen führen; eine ausbleibende Heilung kann nämlich zur Meinung führen, man glaube nicht genug.

Die Spiritualität oder die Besinnung sind derzeit der „missing link" zwischen Wissen und Wollen. Es sollte so sein, dass die Sensibilität die Richtung weist, dass die Rationalität den Weg sucht und die Emotionalität die Kraft zur Umsetzung gibt.

9

Über meinen Beruf und weitergehende Reflexionen

Mittlerweile bin ich über 80 Jahre alt geworden; es ist mir ein Anliegen, einige Erfahrungen, die ich einem insgesamt spannenden Leben verdanke, niederzuschreiben; manche dieser Erfahrungen könnten für die Eine oder für einen Anderen von Interesse sein.

Ich war ein Berufsleben lang mit dem österreichischen Bundesheer beruflich verbunden. Zuerst als Schreibkraft und später als Interviewer im psychologischen Dienst konnte ich mir einschlägiges Wissen aneignen. Auf der Suche nach einem dem Studium der Rechtswissenschaft entsprechenden Posten schrieb ich dem damaligen Bundesminister Otto Rösch, und zwar darüber, wie sehr eine zu erbringende Leistung von der zu erwartenden Gegenleistung abhinge.

Die Wehrmänner erbringen ihre Leistung entweder aus Staatsbürgerpflicht, weil sie irgendetwas auch für sich beim Militär lernen können, oder sie passen ihre Leistung so gut wie möglich an den Sold an, der damals ziemlich gering war. Immer ist die Frage aktuell, ob es einer Gesellschaft gelingt, die für sie erbrachten Leistungen zu belohnen und die für sie schädlichen Aktivitäten zu verhindern. Dieses Prinzip wird konterkariert durch den Wettkampf der Individuen und gemildert durch deren Vernunft. Ganz allgemein ist im aktuellen System die Korrelation von individueller Leistung und gesellschaftlichem Nutzen gering.

Aufgrund des Briefes ließ mich Rösch an die Landesverteidigungsakademie auf einen Forscherposten versetzen. Weil meine direkten Vorgesetzten zuerst nicht recht wussten, welche Arbeit sie mir geben könnten, bekam ich eine ungewöhnliche Freiheit; ich bemühte mich, etwas Licht in das Verhältnis von Friedensillusionen und Sicherheitspolitik zu bringen. Friedenspolitik, die eine Verbindung von Idee und Verwirklichung darstellen würde, bedarf einer optimalen Nutzung der Dimensionen Psychologie, Soziologie und Ökologie; sie würde die gesamte Nutzung der menschlichen Kapazitäten brauchen und ist nicht nur nebenher zu haben.

Bei der Aufstellung des Bundesheeres ab 1955 hat sich die Notwendigkeit ergeben, die Führungsstruktur vom überholten autoritären auf das notwendig gewordene demokratische System umzustellen und den Geist der Deutschen Wehrmacht hinter sich zu lassen. Die Deutschen, die dasselbe Problem hatten, nannten die Reform „Bürger in Uniform". Es galt, das Prinzip des absoluten Gehorsams auf einen relativen Gehorsam umzustellen; der Soldat bleibt individuell verantwortlich und muss rechtswidrige Befehle verweigern. Der absolute Gehorsam wird auf relativen Gehorsam umgestellt; um die durch diese Umstellung verlorene Kampfkraft auszugleichen und möglicherweise darüber hinaus auch zu erhöhen, wird die Befehlstaktik in Auftragstaktik umgestellt. Wenn es gelingt, Auftrag und Interesse anzunähern, ist schon viel gewonnen. So war der absolute Gehorsam der Hitler-Generäle wesentlich an der totalen Niederlage Deutschlands beteiligt; andererseits geht der aktuelle Kampf der Ukrainer nicht auf Gehorsam zurück, sondern auf einen solidarischen Freiheitswillen.

In einem Massenheer, in dem der Fußsoldat nicht viel mehr sieht als den Rücken seines Vordermanns, der Ritter auf dem Pferd schon etwas mehr sieht und der Feldherr auf dem Hügel schon gute Übersicht hat, ist die Befolgung der Befehle, die durch Hornisten und Fähnriche vermittelt werden, das entscheidende Gebot, das bis zum blinden Gehorsam gehen mag. Durch die Vielfalt der Einsätze werden in der modernen Kampfführung die Kooperation und die Mitbestimmung der vielen Spezialisten immer wichtiger. Es war eine spannende Zeit, in der ich mit meiner Arbeit begann.

Ich besuchte viele Personen und Institutionen, die sich um den Frieden kümmerten und versuchte, deren Ideen auf eine Realisierbarkeit hin einzuschätzen. Aus dem Christentum kommt die Lehre des gerechten Krieges, die auch die Basis des aktuellen Völkerrechts darstellt. Dabei ist die Verteidigung gerechtfertigt; aber wer Verteidiger und wer Angreifer ist, darüber wird oft gestritten.

Die Yoga-Theorie ist nach ihrer Basis-Schrift kompatibel mit dem Prinzip des Völkerrechts; bei einem allgemeinen Gewaltverbot lässt sie im Fall eines Angriffs Verteidigung zu. Der Pazifist und Urwalddoktor Albert Schweitzer kritisierte allerdings an der Bhagavad Gita, dass ein inkarnierter Gott seinen Schüler, den zögernden Feldherrn, überredet, in die Schlacht einzutreten; er verwendet dabei auch das Argument der Ehre, die der Feldherr hochhalten müsse, und schätzt den Wert des Lebens, das auf dem Spiel steht, gering ein. Die mystische Darstellung, die Seele sei unsterblich, soll den Soldaten die Angst vor dem Tod leichter tragen lassen und eine mentale Hilfe für den Feldherrn sein, seine Männer in den Tod zu schicken.

Insofern der Yoga eine Königsdisziplin war, ließ er offensichtlich dem Herrscher auch eine Möglichkeit, das Problem der Übervölkerung zu lösen. Vor der Einführung der modernen Familienplanung hatte der Krieg auch die Funktion der Regulierung der Bevölkerung. Mahatma Gandhi löst den Widerspruch eines grundsätzlichen Gewaltverbotes und einer praktischen Einlassung insofern auf, dass er die Einlassungen auf Gewalt einschränkt: „Wenn es nur die Wahl zwischen Gewalt und Feigheit gibt, empfehle ich Gewalt."

Diesseits der mystischen Darstellung hat jedenfalls mein Guru (= mein Yoga-Lehrer) bedauert, dass sich Indien gegen die vielen islamischen Invasoren nicht gewehrt habe. Eine große Dissonanz gab und gibt es allerdings auch noch heute zwischen praktischem Lebensvollzug und einem allenfalls angestrebten Friedensziel. Ein Leben auf Kosten anderer hat jedenfalls eine Verführungskraft, die die Friedensidee hinten anstellt.

Weil Yoga auf keinen helfenden Gott baut, fällt die Schaffung von Frieden ganz in die Verantwortung des Menschen. Seine genetische Ausstattung gibt ihm die Möglichkeit, sein Leben sowohl unter friedlichen als auch unter kämpferischen Bedingungen zu leben. Ob das eine oder das andere als individuelles Bedürfnis eintritt, mag manchmal von einer individuellen Entscheidung abhängen; normalerweise aber geben die Eltern mit ihrem Erziehungsstil die Zukunft vor. Fühlt sich das Kind bedroht und muss es um seine „Selbst-Entfaltung" kämpfen, so trainiert es den Kampf um den Sieg, was auch seine zukünftige Einstellung vorgibt. Fühlt es sich akzeptiert, wie es ist, wird es den Frieden anstreben.

Vielleicht gibt die Natur der Friedensvariante Vorrang; damit dieser aber auch eintritt, wird sich die Gesellschaft um Weisheit bemühen müssen. Sowohl individuell als auch gesellschaftlich ist Frieden die Weisheitsdividende. Zur Weisheit gehört, nicht nur den positiven lebensfreundlichen Aspekt einer Entscheidung zu wählen, sondern auch die Schattenseite mit zu bedenken. Hätte es über die Jahrtausende keine Kriege und Seuchen gegeben, hätte die wachsende Bevölkerung schon früher die Welt überlastet. Weisheit erschöpft sich nicht darin, nur die Interessen der Individuen anzustreben, sondern auch die gesellschaftlichen Bedingungen im Auge zu behalten. Kurzsichtigkeit ist der Gegenspieler der Weisheit. Kurzsichtigkeit bleibt oft lange unbemerkt; Blindheit lässt sich weniger lang verbergen.

Das Bild eines Weizenfeldes symbolisiert Frieden; das Bild eines Schlachtfeldes symbolisiert hingegen Krieg; diese binären Bilder gehen auf optische Eindrücke zurück; sie zeigen aber nicht die ganze Wirklichkeit. Die Wirklichkeit umfasst auch die Prozesse, die militärische Einsätze auslösen oder verhindern. Ich versuchte, dem gerecht zu werden; dazu schien es notwendig, diese binäre Struktur zu hinterfragen und einen trinären Prozess vorzuschlagen. Meine Lösung war, die militärische Sicherheitspolitik um eine soziale und eine ökologische zu erweitern. Es ist gar nicht so leicht zu verhindern, dass die Bilder im Kopf die Vernunft dominieren. Wäre es damals schon gelungen, die Wirtschaft auf Friedensverträglichkeit einzurichten, wäre die Politik jetzt nicht im Verzugsstress.

Weise ist die Politik dann, wenn sie die wirtschaftlichen, die sozialen und die ökologischen Aspekte in Harmonie bringt. Dafür reicht eine demokratische Einstellung allerdings nicht aus. Diese begnügt sich mit dem Kompromiss derer, die gemeinsam am Tisch sitzen; eine weise Politik würde hingegen auch für andere Völker und zukünftige Generationen Verantwortung tragen.

In den 1960er-Jahren hat die Hippie-Bewegung als erste mit ihrem Slogan „make love not war" auf die total falsche Standardkultur Amerikas und Europas hingewiesen; der Kampf um den wirtschaftlichen Erfolg hat blind gemacht für die sozialen und die ökologischen Erfordernisse. Mit einiger Verzögerung nahm die Wissenschaft den Gedanken auf und zeigte mit dem Bericht des Club of Rome die Endlichkeit der Welt. Die Studie „Grenzen des Wachstums" erschien 1972. Der Krieg der Amerikaner in Vietnam, den die Hippie-Bewegung kritisierte, war dadurch entstanden, dass der Kapitalismus die Sozialreformen so wie auf der ganzen Welt auch in Vietnam nicht unterstützte, sodass die Sozialreformer beim Kommunismus Hilfe suchten; nun erwachte das Interesse der Amerikaner und sie schickten Militär, um einen Erfolg des Kommunismus zu verhindern.

Ich nahm den ökologischen Aspekt der Hippies auf: „Warum ein Land verteidigen, das man selbst zerstört"; und ich habe daran gearbeitet, die soziale, die ökologische und die militärische Sicherheitspolitik als gleichwertige Schwestern zu verstehen.

Damals standen sich die Vertreter dieser drei Richtungen eifersüchtig und feindselig gegenüber. Ein guter Stratege unterscheidet sich von einem schlechten darin, dass er keine wesentlichen Faktoren außer Acht lässt; eine gegebene Strategie zu optimieren ist immer schwierig; jeder aber ist berufen, die Berücksichtigung vergessener Faktoren zu verlangen.

Anfangs musste ich mit negativen Beurteilungen leben; eine dieser Aussagen eines Kommandanten war, ich hätte dumme und unverständliche Briefe geschrieben. Diese Einstellung war damals gang und gäbe. Ein Abgeordneter der Volkspartei im Nationalrat hatte erzählt, dass die Parteienvertreter im Umweltausschuss durchaus oft der gleichen Meinung gewesen wären; im Klub seiner Partei hätte man aber oft gar nicht verstanden, wovon er geredet habe. Der Anfang war also schwierig.

Auf die Taktik des Briefschreibens bin ich gekommen, weil ich trotz meiner unbedeutenden Position etwas bewirken wollte. Um etwa Rheumaschmerzen zu behandeln, könne man flächig vorgehen und die entsprechenden Körperstellen einreiben; man könne aber auch nadelstichartig Injektionen setzen. Für die Politik heißt es: Wer Macht hat, kann das Land mit Plakaten vollpflastern; ich wählte den Weg, nadelstichartig Briefe zu versenden, um mein vorläufiges Wissen an den Mann und an die Frau zu bringen und es gleichzeitig der Verifikation auszusetzen. Durch den zweiten Grund war mein Vorgehen wissenschaftlich legitimiert.

Eine Intervention beim Generalsekretär der Industriellenvereinigung löste blankes Entsetzen aus; er sah durch eine Kritik des Fleißes nicht nur seine Welt gefährdet, sondern gleich den Zusammenbruch der ganzen Welt. Für seine Rolle hatte ich Verständnis – immerhin leitet sich das Wort Industrie vom englischen Wort „industrious" (fleißig) ab. Für die Welt bin ich aber froh, dass heute schon mehr Leute wissen, dass nicht der Fleiß die höchste Tugend ist, sondern dass es die Weisheit wäre. In dieser Auseinandersetzung sind wir mitten drinnen.

Einen Brief schrieb ich auch an den Wiener Erzbischof Kardinal König, die Publizität der Kirche doch zu nützen und die für den Frieden notwendige Ökologie in ihr Predigtprogramm aufzunehmen. In dieser Zeit geriet der biblische Leitsatz „Machet euch die Erde untertan ...“ unter Kritik; der aus der indianischen Lebensführung genommene Satz „Ich bin ein Teil der Welt“ erschien am Horizont – wo er sich allerdings auch noch heute befindet. Wenn das Gefühl emotional schon angekommen wäre, hätte es schon politisch gegriffen und materiell bewegt. Das Preis- und Einkommenssystem, also das Wirtschaftssystem auf Rechenbasis, ist auch heute noch im alten Beutesystem verhaftet, ist von der nun beschworenen ökologischen Werteordnung noch nicht berührt und steuert daher auch völlig falsch. Wenige Wochen nach meinem Brief fand ich Gedanken in meinem Sinn in einer kirchlichen Veröffentlichung. Die Entwicklung einer Ethik, die der modernen Lebensführung gerecht werden würde, hat mittlerweile begonnen, geht aber langsam vor sich. Seinerzeit räumte die Aussage, die Bibel sei Gotteswort, der Kirche einen Kredit ein, heute ist sie eine Hypothek. Wäre es nur ein Buch der Weisheit, könnte die Kirche lockerer über Auffassungsunterschiede hinwegsehen, müsste sich nicht in Einzelfragen verbeißen und bräuchte nicht den selbstgemalten Bildern glauben. Die Aussage, alles, was in der Bibel stehe, sei richtig, ist erwiesenermaßen falsch; manche Aussagen sind von Anfang an falsch, andere de facto überholt und manche sind noch gültig und wertvoll; der absolute Glaube an die Bibel behindert die Fähigkeit zur Weisheitsbildung.

In der Zeit des Aufbruchs in den 1980er-Jahren bestärkte mich unter anderen ein Brief eines Reserveoffiziers: „Nie und nimmer hätte ich in einer Veröffentlichung des Bundesheeres eine so tiefgründige und weitsichtige Darstellung erwartet.“ Seit damals strenge ich mich weiterhin an, dieses Niveau zu erreichen und Rationalität und Lockerheit ins Spiel zu bringen. Nebenbei bemerkt: Die Kunst der Meditation besteht darin, Anstrengung und Lockerheit gleichzeitig im Kopf zu behalten.

Mit einem Artikel mit einem gleichlautenden Text, der einerseits in einer ökologischen Zeitung und andererseits in einer Zeitung des Bundesheeres veröffentlicht wurde, konnte ich den damaligen Minister, der als Angehöriger der „Stahlhelmbrigade" galt, von der Zweckmäßigkeit und der Notwendigkeit auch der ökologischen Sicherheitspolitik überzeugen. Auf meine Anregung hin schrieb mein Freund als Herausgeber einer wenig beachteten ökologischen Zeitung an den Minister: Er solle sagen, ob Pinkas recht habe – wenn ja, müssten die Grünbewegungen ihre Haltung zum Bundesheer neu ausrichten. Dieser Coup war nun schon mit dem Leiter des neuen Instituts für militärische Sicherheitspolitik abgesprochen; für die Förderung des gegenseitigen Verständnisses verwandter Ideen erhielt ich einen von der Landesverteidigungsakademie vermittelten Orden. Und der äußerst lästige Abgeordnete zum Nationalrat und Bundesheerkritiker Dr. Peter Pilz, dem ich den Artikel auch geschickt habe, wurde kooperativ und führte sogar den Vorsitz bei einer Bundesheer-Reformkommission. Die Akzeptanz meiner Arbeit durch zumindest einige frühe Denker hat mir damals den Ausstieg aus der Rolle eines vermeintlichen Sozialfalles gebracht; diese Veränderung war sehr wohltuend.

Die Einsicht, dass soziale, ökologische und militärische Sicherheitspolitik als Einheit anerkannt werden müssen, setzte sich langsam durch. Diese grundsätzliche Aussage ist wichtig; sieht die Bevölkerung, dass die Politik den Überblick über die Lage hat, fördert das ihre Akzeptanz. Der Streit, welche Ressourcen für die einzelnen Belange notwendig sind, bleibt allerdings den Vertretern der jeweiligen Positionen überlassen.

Ab diesem Durchbruch lebte ich in meinem beruflichen Umfeld ziemlich unangefochten und habe mich mit der Demokratie beschäftigt; sie ist die beste, aber die am schwierigsten zu gestaltende Staatsform. Ein Ideal ist schnell formuliert; die Umsetzung einer Demokratie hängt vom Bewusstsein sowohl ihrer Repräsentanten als auch ihrer Bürger ab. Ein Mensch kann sein

Bewusstsein von Stunde zu Stunde wechseln; doch das gesellschaftliche Bewusstsein ist ziemlich zäh.

Von der Abschaffung der Leibeigenschaft um die Mitte des 18. Jahrhunderts hat es zweihundert Jahre gebraucht, bis Österreich ab 1945 Demokratie einigermaßen konnte. Über das, was zum Ideal noch fehlt, streitet derzeit die Politik und scheint darüber auch das wesentliche für das Leben zu verdrängen. Es wird derzeit mehr über wirkliche oder vorgeworfene Korruption diskutiert als über die Klimakrise, die wohl das größte gegenwärtige Problem ist.

Das extreme Gegenmodell zur Demokratie ist ein System mit Sklavenwirtschaft; der Tyrann entscheidet nach Willkür. Über die Leibeigenen herrscht ein Patriarch, der dem Volk gegenüber als verpflichtet gilt; das ist im Modell so vorgesehen, alle Repräsentanten scheinen das allerdings nicht gewusst zu haben. In der Demokratie sind alle Bürger für das Wohlergehen des Volkes oder zumindest für das Funktionieren des Staates verantwortlich; aber das scheinen auch noch nicht alle zu wissen.

Diktatoren könnten den Lebensstandard der Untertanen drücken, um die Gefahren der ökologischen Lage zu minimieren, wenn sie die Ökokrise überhaupt bemerken würden. Weil sie aber kein Sensorium für das Volk haben, fehlt es ihnen offensichtlich auch für die Umwelt. Die Idee der Demokratie sieht eher gleichere als massiv ungleiche Lebensverhältnisse vor; die grob ungleichen Einkommens- und Vermögensverhältnisse erschweren ökologische Reformen. Weniger ungleiche Lebensverhältnisse würden Problemlösungen erleichtern. So ist es in der Demokratie auch schwierig, die Umweltproblematik zu lösen. Die unteren Einkommensschichten können darauf warten, bis die Besitzer der hohen Einkommen sich einschränken und damit viel leichter das Konsumvolumen reduzieren. Wenn ein Kapitalist aufhört, mit einer Rakete in den Weltraum zu fliegen, könnten etliche mit dem Auto weiter ihre Wege machen.

Eine weniger ungleiche Einkommensverteilung ist aber nicht in Aussicht. Die Nutznießer und Drahtzieher des Systems nehmen das Argument, es ginge nicht, um es zu verhindern. Und wenn das Argument geglaubt wird, wird es zum Mittel der Durchsetzung. Um dem Argument der Gerechtigkeit gerecht zu werden, müssen demnach auch die „Naturverbräuche" progressiv belastet werden; da würde etwa ein Normalverbrauch normal, jeder Mehrverbrauch aber hoch besteuert. Dem Adel ist es seinerzeit gelungen, mit Hilfe der Religion als dem Opium des Volkes den Lebensstandard der Bauern tausend Jahre lang am Minimum zu halten und sich selbst und einer kleinen bürgerlichen Oberschicht den Luxus zu erhalten. Seit der Demokratisierung funktioniert das so nicht mehr. Was ist heute zu tun, um den Konsum so einzuschränken, dass er die Natur nicht überfordert?

Die Diktatur ist das System, in dem die Lebensverhältnisse durch Gewalt geregelt werden. Im Patriarchat geht die Regelung der Lebensverhältnisse auf Regeln zurück. Die Demokratie hat in ihrer Entwicklung sehr viel Augenmerk auf ihre verwaltungstechnische Entwicklung gelegt; sie hat aber die wirtschaftliche Ausgestaltung belassen, wie sie dem Patriarchat gemäß war. In etlichen europäischen Staaten mussten die Bauern sogar das Startkapital für die Industrialisierung aufbringen – es waren die Ablösen, die sie im 19. Jahrhundert für ihre Befreiung bezahlten.

Das Wettbewerbssystem hat gegenüber der Diktatur nur den Vorteil, dass immerhin nicht Gewalt, sondern Cleverness das Leben dominiert; dieser Vorteil reicht aber nicht, die umweltschädlichen Über-Konsumptionen einzuschränken; es fördert nämlich die Über-Produktionen. Eine der Demokratie gemäße Wirtschaftsform muss offensichtlich erst entwickelt werden; dem aktuellen Marktsystem fehlt die ökologische Komponente.

An der Zunahme von ökologischen, wirtschaftlichen und sicherheitspolitischen Problemen kann man leicht erkennen, dass das Wettbewerbssystem nicht ausreicht, die Probleme zu lösen, unter denen wir schon leiden und unter denen zukünftige Generationen noch viel mehr leiden werden. Wir haben es mit einem Zivilisationsdilemma zu tun; wir wollen die Probleme des 21. Jahrhunderts mit einer Wirtschaftstheorie aus dem 18. Jahrhundert lösen. Dass diese Entwicklung unserer Kultur passiert ist, kann nur auf Geistesblindheit zurückzuführen sein. Wenn nach den Prinzipien Gewalt und Cleverness nicht das Prinzip Weisheit ins Spiel kommt, ist ein Rückfall in die Gewalt unvermeidlich.

Nicht nur beim Militär, aber ganz deutlich bei ihm tritt die Doppelfunktion des Menschen als Problem auf. Zum einen ist er Individuum, zum anderen ist er Teil der Gesellschaft. Nach seiner „Urnatur", von der die Yogis sprechen, scheint der Mensch primär friedlich zu sein; eine Kampfbereitschaft entsteht sekundär im Verteidigungsfall. Wenn die Christen auf das Thema kommen, reden sie vom Gewissen. Wenn Kinder um ihre individuelle Entwicklung übermäßig kämpfen müssen, dreht sich die Reihung um und sie werden primär kämpferisch und ihr Bedürfnis nach Frieden wird sekundär. Das Modell ist klar, die Lebensverhältnisse sind es nicht.

Eine Demokratie braucht viele friedensbedürftige Bürger, die schlau genug sind, ihre Lebensverhältnisse auf diesen Umstand hin auszurichten. Nun sind nicht einmal in den Demokratien die Lebensverhältnisse auf „ewigen" Frieden hin ausgerichtet, dazu gibt es nach wie vor viele siegesbedürftige Menschen, die auf Kampf ausgerichtete Systeme bilden wollen und können, vor denen sich auch Staaten fürchten müssen. Wollen sich Demokratien erhalten, so müssen sie auch wehrhaft sein und sich die Wehrbereitschaft ihrer primär friedlichen Bürger zu erhalten suchen.

Aufgrund eines Versprechers hat der österreichische Fußballer Toni Polster den legendären Satz in die Welt gesetzt: „Dass wir gewinnen, ist wichtig; alles andere ist primär." Dieser Satz hat sich in der Ökologie verwirklicht. Selbst für die, die eine Reform der Wirtschaftspolitik für wichtig halten, ist vieles andere primär. Ohne die Sanierung des Verhältnisses mit der Natur ist aber ein Frieden unter den Menschen unmöglich. Im politischen Umfeld habe ich nicht sehr viel bewirkt. Die große Aufgabe, das notwendige Bewusstsein für Demokratie und Sicherheit zu schaffen und der Einsicht gemäß zu leben, liegt noch vor uns.

Nicht nur im individuellen Bereich, sondern auch im gesellschaftlichen Bereich beruhen die Entscheidungen auf den Komponenten Rationalität und Emotionalität; ihre jeweilige Entwicklung hängt stark von den Lebensumständen ab. Bei guter Zusammenarbeit, die dem Yoga ein Anliegen ist, bilden diese beiden Vernunft. Als „Urnatur" sind sie im Menschen angelegt. Mit der Yoga-Technik wird versucht, diese „Urnatur" bewusst zu machen; man kann auch versuchen, ihr gerecht zu werden.

Die Kultur ist das Wesen der Gesellschaft; dieses ist aber auch immer das Ergebnis der positiven oder negativen individuellen Entwicklungen und ist immer auch verbunden mit dem persönlichen Leben. Man kann sich als Zuschauer fühlen; man kann aber auch das Gefühl haben, Mitspieler zu sein und an der Verantwortung der Gesellschaft mitzutragen. Was man tut, hängt letztlich von der Stärke der inneren Impulse ab; im Folgenden schreibe ich über einige Ereignisse, die mein Leben beeinflussten.

Ich wurde 1940 in Graz geboren; aber schon bald übersiedelte meine Mutter mit uns drei Kindern in die Obersteiermark; so wuchs ich in ihrem Heimatdorf auf, wo es bessere Lebensumstände gab. Mit der Heimkehr meines Vaters aus der Kriegsgefangenschaft zu Weihnachten 1946 begegnete ich einem Problem, das mich lange nicht nur persönlich begleitete, sondern auch in meinem Beruf eine Rolle spielte; es war die autoritäre Erziehung, die mein Vater, den ich bis dahin nicht gekannt hatte, ins Haus brachte. Da er sie auch als Lehrer unter verbreiteter Akzeptanz einsetzte und sie noch nicht als „schwarze Pädagogik" diskriminiert war, ging es nicht anders als still zu leiden; er galt eben als streng. In vielen anderen Häusern ging es schon offener zu. Wenn seine Mutter, die in unserem Haus gewohnt hat, gegen entsprechende Strafen einschreiten wollte, nutzte es nichts. Der eher demokratische Führungsstil meiner Mutter – die mehr auf gegenseitige Rücksichtnahme setzte –, der der Erziehung durch meinen Vater vorgelagert war, ließen mir einige alternative Perspektiven; so wurde ich nicht eindimensional autoritär geprägt. In meiner Funktion beim Bundesheer setzte ich mich mit dem Problem der autoritären Führung auseinander.

Schon während der Volksschulzeit litt ich an einer Augenkrankheit, die sich vorerst als Sehschwäche zeigte und im Alter von etwa 25 Jahren zur Erblindung führte. Das verdarb mir meine Kindheit. So kurz nach dem Krieg lebte auch noch das nationalsozialistische Gedankengut weiter, das dem Gedanken der Auslese großen Raum gab; Blindheit war damals auch noch peinlich. Das war für die Entwicklung eines Selbstbewusstseins nicht GERADE förderlich. Die Situation erschwerte und verzögerte meine Ausbildung. Vor allem litt ich unter dem Mangel einer beruflichen Perspektive.

Ohne die spezifischen Hilfsmittel, wie sie heute üblich sind, konnte ich die Handelsschule abschließen und absolvierte noch die nun wegen ihrer Adäquanz freudvollere Ausbildung in einem Blindeninstitut. Ich war auch erstaunt darüber, wieviel Lachen in den Gängen zu hören war. Und vor allem die Begegnung mit dem Direktor der Schule, der blind war, löste meine Resignation und gab mir eine Hoffnung. Mein eigenes Schicksal gab mir Anlass, über die Lebenschancen Schwächerer nachzudenken. Neben dem Kampf aller gegen alle, von dem der Sozialdarwinismus ausgeht, gibt es auch andere Lebensformen. Als Kleinstaat kann Österreich nicht anders, als sich auf diesem Feld umzusehen.

Im Alter von 21 Jahren trat ich als Schreibkraft in den Bundesdienst ein, und zwar in die Landesverteidigung. Obwohl man sehr nett zu mir war, waren die ersten Jahre durchaus schwierig. Meine Begabung als Schreibkraft war gering und die Arbeit lag mir nicht. Besser lief es, als ich im Heerespsychologischen Dienst als Interviewer tätig werden konnte. Zusammen mit der Ablegung der Matura und einem Jus-Studium ermöglichte mir die breite Erfahrung aus dieser Tätigkeit den Einstieg als Forscher an der Landesverteidigungsakademie. Mein Metier war sozialwissenschaftliche Forschung, wobei es vorerst um das Verhältnis von Bundesheer und Gesellschaft ging; später ging es auch um pädagogische Fragen und die Demokratie an sich.

In meiner Arbeit begegnete ich – und das ist auf dem Gebiet der Soziologie soweit selbstverständlich – vielen Themen aus meiner Kindheit; eines war die Auseinandersetzung mit dem Autoritarismus. Das gerade erst aufgestellte Bundesheer musste in der Abgrenzung zum Nazi-Militär eine neue Einstellung zur autoritären Führung finden. Diese Suche nach einer der Demokratie angepassten Führungsstruktur erhielt auch durch die 68er-Bewegung Nachdruck. Eine Diktatur setzt auf absolute Unterordnung, die Demokratie setzt auf Einordnung des Soldaten. Was bei diesem Prozess an Kampfkraft verloren geht, soll durch engagierte Mitwirkung des Soldaten gewonnen werden.

Es ist nicht nur für die Politiker, sondern für alle Bürger wichtig, Diktatur und Demokratie zu verstehen und sich dem besseren System engagiert zuzuwenden. Demokratie ist das angenehmere, aber auch das schwierigere System und hat keine Erfolgsgarantie.

In den Gesprächen mit meiner Großmutter, die 70 Jahre vor mir geboren worden ist, fanden sich gemeinsame Themen, die sie aus ihrem Leben kannte und ich aus der Schule. Ich kann mich noch an den Augenblick erinnern, als mir mein Schulwissen familiär geworden ist. Ab dieser Zeit fühle ich mich als integrierter Teil der Geschichte und nicht nur als ihr Betrachter. Dies ist ein wichtiger Schritt in die Demokratie.

Ein interessantes und nachhaltiges Thema meiner Kindheit war auch die familiäre Ökonomie. Meine Mutter war mit ihrer Schwiegermutter uneins, ob wir Buben für Sonderleistungen wie Holzhacken und ähnliche Tätigkeiten gesondert entlohnt werden sollten. Meine Mutter hing der einfachen Lösung an: „Leistung solle sich lohnen." Meine Großmutter, die aus dem liberalen Bürgertum kam, dachte komplexer: Mitglieder einer Gemeinschaft haben ihr gegenüber Pflichten.

Kennedy sagte in der Rede bei seiner Inauguration: „Fragt nicht, was euch der Staat gibt, sondern was ihr ihm geben könnt." Er hat damit den Grundgedanken Karl Marx' ausgesprochen; ob er ihn auch so gemeint hat, weiß ich nicht. Aber nur wenn es gelingt, in der Gesellschaft mehr zu sehen als die Summe der gerade lebenden Menschen und diesen Gedanken nach dem Generationenvertrag wirksam werden zu lassen, haben die Menschen in unserer begrenzten Welt eine Chance, gut zu überleben. Das Interesse einer Gesellschaft ist mehr und auch etwas anderes als die Summe der Einzelinteressen. Die Menschen erscheinen nicht nur als Individuen, sie sind auch Teile der Gesellschaft, die einerseits Staaten betrifft, aber auch die Weltgemeinschaft. Keine der beiden Sichtweisen ist falsch; aber nur gemeinsam sind sie richtig. Leider geben sich zu viele Menschen mit einer Sichtweise zufrieden. Man wird Marx neu interpretieren müssen. Durch den Industrialismus ist die Welt zum Supermarkt geworden, in dem auf Kredit konsumiert wird.

Länger als meine geistige Eingliederung in die Geschichte hat es gedauert, dass ich mich als Teil der Welt fühle. Im Alter von neun und zehn Jahren war ich Ministrant und liebte diese Funktion mit ihrem Bewusstseinszustand, den man Spiritualität nennt. Er ist verwandt mit der Romantik, der Mystik und dem Flow, der etwa bei Musik sowie bei vielen anderen Zuständen des Gehirns ausgelöst wird, nämlich dann, wenn man in Harmonie mit sich selbst ist.

Die Kirche war einen Kilometer von zuhause entfernt; ohne Frühstück diesen Weg gegangen zu sein und die Funktion in der schönen Kirche zu übernehmen, vermittelte mir den Eindruck der Harmonie. Aber als der Pfarrer einmal sagte, für den im Tabernakel anwesenden Christus sei die Kirche so schön, da riss mich die Rationalität aus der Harmonie. Da der Altar auf der Rückseite roh und der Bereich hinter ihm mit Gerümpel vollgeräumt war, konnte die Aussage nicht stimmen; vielmehr war die Kirche so schön, um die Besucher glauben zu machen, dass sich Christus im Tabernakel befindet.

Der Pfarrer in seiner Gläubigkeit negierte die Realität und setzte seine Sicht an die Stelle einer rationalen Überlegung. Das Bewusstsein ist empfindlicher als der Glaube und zeigt sich als Gefühl und hat schon ausgeschieden, was im Widerspruch gestanden ist. Der Glaubensinhalt entspricht einem kulturell modifizierten Bewusstsein und passt sich nur sehr schwer bis überhaupt nicht an die Bedingungen der Zeit und des Ortes an. Yoga hingegen ist die Mühe, Wissen über seine „Urnatur" zu gewinnen und aus diesem Bewusstsein heraus sein Leben zu leben. Es ist wichtig, spirituelle Einsichten nicht durch rationale Weiterführungen oder durch kulturelle Vorgaben missbrauchen zu lassen. Manche fühlen sich in Harmonie oder in Einheit mit der Welt, andere nicht; die Harmonie ist kein Streitthema, wohl aber etwas, das man gewinnen oder verlieren kann.

Das Studium der Kirchengeschichte als Teil des Rechtsstudiums eignete sich auch nicht, meine Harmonie mit dieser Religion zurückzugewinnen – es gibt zu viele Widersprüche. Spiritualität und Rationalität sind nur zwei Zugänge zum Bewusstsein; sie sind gleichwertige Erkenntnismittel und bilden miteinander die Vernunft. Große Dissonanzen verhindern entweder die Spiritualität oder sie verhindern eine optimale Behandlung der Welt.

Ich heiratete im Jahr 1966 und fand in meiner Frau jemanden, der so gern reiste wie ich. Eine rege Reisetätigkeit öffnete mir den Blick in die Welt, der bei bestehender Blindheit nicht ganz so leicht zu gewinnen ist. Nach dem Studium begegneten meine Frau und ich dem Yoga, der sowohl privat als auch beruflich bereichernd war. Die Suche nach der Antwort auf die Frage „Wer bin ich?" ist zentral für den Yoga; es macht einen Unterschied, ob der Körper eine Seele hat oder wie im Yoga die Seele einen Körper. Eine körperliche Behinderung wie Blindheit lässt sich so relativ wegdeuten; und man braucht sich nicht den ganzen Tag verderben lassen, nur weil es immer wieder schwierige Stunden gibt. Im Unterschied zu meiner Kindheit, wo ich mich für meine Blindheit genierte, ist zumindest die offizielle Einstellung weiterentwickelt, heute redet man von Inklusion und diskriminiert Diskriminierung.

Durch Vermittlung der Wiener Yoga-Lehrerin besuchten wir mehrfach eine Yogaschule in Indien; sie lag da, wo die „Ganga" aus den Vorbergen des Himalaya herauskommt und in die Ebene fließt. Rishikesh ist ein traditioneller Sammelplatz für Tausende Yogis; der Yogameister, den wir dort trafen, war über 80 Jahre alt und lebte mit einigen Schülern und Schülerinnen in einem Aschram nach Standard des indischen Mittelstandes. Seine Schüler hielten ihn für erleuchtet; einer seiner Schülerinnen konnte er nach seinen Worten auch die Erleuchtung vermitteln.

Erleuchtung ist ein hoch qualifizierter geistiger Zustand, der normalerweise nach langem Training eintreten kann.

In dieser Umgebung hatte ich eines Tages ein bewegendes Meditationserlebnis; es war das Gefühl, in Einheit mit der Welt zu sein. Dieses Gefühl scheint bei den Angehörigen der Naturreligionen verbreitet zu sein; schaut man aber auf unsere Kultur und den von uns inszenierten „Weltuntergang", so kommt der Gedanke auf, dass viele und jedenfalls die Entscheidungsträger dieses Gefühl nicht kennen; und wenn sie es schon manchmal haben sollten, ist es jedenfalls nicht dominant. Schon vor meinem „Tiefenerlebnis" hatte ich aus rationaler Beurteilung heraus die Fehlerhaftigkeit der Zivilisation erkannt; vielleicht gelingt es auch der Gesellschaft noch, das mangelnde Gefühl durch entsprechende Techniken zu gewinnen oder durch Verbesserung der Rationalität auszugleichen. Der Markt für spirituelle Kultur ist jedenfalls im Wachsen.

Die moderne Zivilisation, die von Europa ausgegangen ist und sich über die ganze Welt verbreitet, schädigt den Lebensraum der Menschen und vieler weiterer Spezies; es ist wichtig, den Blick auf die Ursache dieser Entwicklung zu richten. Im Übergang vom Christentum als Vorgänger-Kultur zur Aufklärung scheint der Fehler passiert zu sein. Um dem Tod den Stachel zu nehmen, setzte das Christentum den Himmel ein und machte die Verdrängung, die eine wirksame Psychotechnik ist, statt seiner Rolle als Instrument den Glauben zum Zentrum ihrer Lehre. Obwohl die Aufklärung an sich die kritische Wahrnehmung in ihrem Zentrum hat, sind ihr die beiden Einstellungen Verdrängung und Glaube treu geblieben. Etablierte Haltungen sind substanziell hartnäckiger als Glaubensinhalte. Die Erfolge des technischen Fortschritts haben einen schwer erschütterbaren Glauben erzeugt; dieser Glaube macht aber blind gegenüber den offensichtlich schädlichen Nebenwirkungen.

10

Anhang

Hier folgen einige Zusätze, die zwar zum Inhalt gehören, die aber als Ausbeulungen den Lesefluss gestört hätten.

10 a)
Zum Sehen

Blindheit führt zu einigen Verschiebungen bei der Nutzung des Zentralnervensystems; daraus können sich zumindest vorläufige Unterschiede auch bei der Innenschau oder Meditation ergeben; der Blinde hat Vor- und Nachteile, die es einerseits zu nutzen und andererseits zu überwinden gilt. Ein Nachteil ist, dass ihm die Abschaltung der Hörimpulse schwerfällt, weil sie für ihn so prominent sind; der Sehende braucht nur die Augen zu schließen, um den Informationsstrom zu reduzieren, die Höreindrücke stören ihn weniger.

Die Verarbeitung subtiler Gehörimpulse im Sehzentrum ist ein Beispiel dafür, dass das Gehirn bei Blinden etwas anders funktioniert. Gut trainierte Blinde können recht flott gehen, weil ihnen das Sehzentrum die Eindrücke der nahen Umgebung, die sie durch subtile Höreindrücke gewinnen, optisch vermittelt. Mit der Wahrnehmung des Bodens, der Wahrnehmung der Bodenbeschaffenheit, mit allfälliger Sonneneinstrahlung, der Wahrnehmung des Windes sowie der Nutzung des normalen Hörens wird die Orientierung unterstützt – das einfache Gehen fordert die Empfindsamkeit heraus und fördert sie damit auch.

Das andere Funktionieren zeigt sich auch insbesondere bei Dysfunktion des Sehzentrums durch Unfall oder Krankheit. Da kann der aus diesem Grund Erblindete sich weder orientieren noch Blindenschrift lesen. Um auf die andere Seite eines Raumes zu gelangen, braucht er eine Leitlinie.

Das subtile Hören, das in meinem Fall wohl altersbedingt schwindet, ersetzt sich mittlerweile durch die Wahrnehmung durch die Gesichtshaut; diese Fähigkeit ist aber viel schwächer und geht zumindest bei mir nicht über das Sehzentrum.

Da, wo der zerebrale Sonderzustand Blindheit auch ungewöhnliche Informationsbahnen schafft und fördert, kann er zur Erweiterung der Ergebnisse, die die Sehenden bringen, genutzt werden. Ein anderes Beispiel für die vernetzte Arbeitsweise des Gehirns ist der Synergieeffekt, bei dem etwa Worte färbig erscheinen usw. Alle Erfahrungen und alle Handlungen modifizieren das Gehirn. Das Gehen, das für Blinde einen ziemlichen Aufwand bedeutet, modifiziert ihre Erfahrungen und Handlungsweisen; vieles, womit sie sich in ihrem Leben noch beschäftigen, kann von ihren Erfahrungen beim Gehen beeinflusst sein.

Das Elektro-Enzephalogramm zeigt es ohnedies: Die von den Sinnesorganen kommenden Impulse durchströmen das Gehirn; wenn diese Informationen ins Bewusstsein treten, kann man diese Funktion auch erleben und mitsteuern. Im Fall, dass die Hand auf die heiße Herdplatte kommt, wird man dem Hitzeimpuls besser rasch folgen und nicht erst seinen Erfahrungsschatz abrufen; in anderen Fällen wird man das sehr wohl tun. Wie man sicher bemerkt hat, und zwar sowohl bei den anderen als bei sich selbst, haben die von den Sinnesorganen kommenden Impulse auf ihrem Weg durch das Gehirn den Denkwinkel manchmal nicht ausreichend besucht. Der ehemalige österreichische Bundeskanzler Fred Sinowatz äußerte einmal, es sei alles so kompliziert und erntete damit Spott und Hohn. Ich glaube, er war weiser als viele andere Verantwortungsträger, die das nicht einmal merken und tölpelhaft in die Komplexität der Welt hineinpfuschen.

Das Auge ist der wichtigste Informator des Menschen, die optische Wahrnehmung beansprucht etwa 80 % der für die Wahrnehmung verbrauchten Energie. Das hat zur Folge, dass seine Informationen weithin auch für das Handeln dominant werden; die Bereiche, die sich dem Sehen entziehen – das betrifft vor allem die Zukunft – bleiben im Dunkeln. Sie müssten dem Denken anvertraut werden.

Nach der Yoga-Theorie ist das Denken eine Funktion des inneren Organs; die anderen Funktionen des inneren Organs sind Erkennen, Bewusstsein und der sogenannte Ich-Macher. Das aus ihm entstehende Ich-Gefühl gilt als die Funktion, die für das Individuum selbst und für die Gesellschaft Verantwortung trägt. Die Beobachtung der Entwicklung dieser vier Funktionen bei sich ist ein Teil des Yogaweges; daraus bildet sich Menschenkenntnis. Dieser Prozess nimmt den Eindrücken der visuellen Wahrnehmung die Entscheidungsdominanz.

Wie groß die Zahl der Menschen ist, für die das Ich Verantwortung tragen will, ist individuell verschieden und wird von der Kultur mitbestimmt.

Für jemanden, der keine entsprechende Meditationserfahrung hat, mag es kurios erscheinen, dass es eine Bewusstseinsschicht gibt, die „tiefer" liegt als das Ich-Gefühl. Als Meditationserlebnis wird es beschrieben, wenn man nicht mehr das „Ich-bin-Gefühl" hat, sondern nur noch das Gefühl hat, zu sein. Der Hinweis auf die Praxis macht die Situation leichter verständlich: Es gibt menschliches Handeln, das ohne Egoismus, also ohne Ich-Verhaftung realisiert wird. Egoismus ist zwar weit verbreitet, ist aber nicht das einzige Handlungsmotiv.

10 b)
Zur inneren Schau

Betrachtet man seinen Körper mit entspannter Aufmerksamkeit, wie es der Yoga-Schau entspricht, sieht man ihn, wie er daliegt oder dasitzt. Das entspricht auch einer Nahtod- Erfahrung, insofern diese beiden durch die Reduktion der Gehirn-Aktivität entstehen. Der Psychiater Viktor Frankl berichtete davon, wie er sich unter den anderen KZ-Gefangenen marschieren sah; dieses „Erlebnis" habe ihm wesentlich für sein weiteres Überleben im Konzentrationslager geholfen. Das zeigt, dass der Mensch nicht eine Seele, sondern dass die Seele einen Körper habe.

Diese Wissensumstellung mag noch nicht allzu viel helfen, aber in der Folge fördert es die Entwicklung eines autogenen Selbstbewusstseins. Etliche Blinde leiden darunter, wenn sie als „Blinde" oder als „Blinder" bezeichnet werden; dass man von Außenstehenden nach markanten Körpermerkmalen beurteilt wird, wird nicht zu verhindern sein; es wird aber immer weniger ausmachen, je besser das eigene „Seelenbewusstsein" entwickelt ist. Dafür ist es nicht notwendig, bis in die fünfte Bewusstseinsschicht nach dem Yoga-Schema vorgerückt zu sein. Lässt man sich auf den Weg ein – entweder durch Zulassung reflexiver Bewusstseinslagen oder auch mit Hilfe von spirituellen Techniken – werden sich Erfolge zeigen.

Angeleitete Verfahren versprechen bessere Erfolge. Neben Yoga gibt es viele Techniken: Es sind etwa der Buddhismus und der dem Islam nahe Sufismus; es gibt indianische Techniken und auch christliche. Bei den Glaubensreligionen wie beim Christentum und beim Islam besteht allerdings die Gefahr der Indoktrinierung.

Und nun der Versuch eines Brückenschlags, der mir vor dreihundert Jahren noch den Feuertod beschert hätte; es ist eine Bibelinterpretation nach Yoga-Wissen. Man weiß es ja, aber es erstaunt immer wieder, dass die Menschen auf der Welt sehr viele Ähnlichkeiten haben. Als Moses im brennenden Dornbusch Gott erfahren hat, befand er sich nach der Yoga-Theorie in der Seligkeitsschicht, in der das Gottesbewusstsein „Ich bin, der ich bin" in ihm entstanden ist. Was er als Gotteserfahrung empfunden hat, könnte auch sein eigenes Selbstbewusstsein gewesen sein. Man kann nämlich alles empfinden, für das eine Funktion vorhanden ist; aber auch nur das. Es gibt allerdings auch eine Oberflächenvariante dieses Satzes, mit der sich die präsentieren, die nicht wissen, dass auch Tiefgang möglich ist.

Qualifiziertes Selbstbewusstsein enthält auch Wissen aus der Tiefe seines eigenen Wesens.

Nach den weiteren Leistungen des Moses zu schließen, war er jedenfalls hoch entwickelt; ein autonomes Selbstbewusstsein zu haben, macht Qualität aus und ist eine wichtige Voraussetzung für die Demokratie, die auf Menschenkenntnis angewiesen ist.

Ein Wahlrecht ohne Menschenkenntnis ist nicht viel wert. Wer sich selbst kennt, kann auch das Wesen der anderen einschätzen.

Ein derivatives – also ein abgeleitetes und abhängiges – Selbstbewusstsein führt leicht in Überheblichkeit und Unterwürfigkeit und ist ein Nährboden für Diktaturen, indem es Diktatoren und Untertanen hervorbringt. Ein starker Glaube des Führers hat eine starke Verführungskraft; es gilt, den Glauben des Führers so wie seinen eigenen Glaubensinhalt kritisch zu hinterfragen.

10 c)
Wettbewerb als Spiel oder Kampf

Solange es nicht gelingt, dem Treiben der Menschen, die die Welt militärisch, wirtschaftlich oder ganz gewöhnlich als Systemfolger ausbeuten und zerstören, intellektuell entgegenzuwirken, kann es keinen Frieden auf der Welt geben. Die aktuelle Wirtschaft mit ihrer Dynamik ist die Fortsetzung des Beutekrieges mit formal friedlichen Mitteln. Den Soldaten und dem Militär hat man um des Friedens willen das Beuterecht entzogen; der Wirtschaft und deren Repräsentanten hat man es – graduell unterschiedlich – um der Dynamik willen gegeben. Der Verbrauch der Welt führt in unserer endlichen Welt zu einem materiellen Engezustand. Und Enge führt leicht zu dem sogenannten „Cornered-Rat-Effekt", der wiederum zu Krieg führt.

Wo der Gesellschaft also kein wirtschaftlicher Erfolg vergönnt ist, bleibt ihr als eine ihrer Möglichkeiten der Rückgriff auf militärische Strategien. Wenn sich das militärische und das wirtschaftliche Beuterecht auf den ersten Blick auch unterscheiden, so haben diese beiden in Bezug auf die Ökologie durchaus etliche Gemeinsamkeiten.

Um etwas Licht in das komplexe gesellschaftliche System zu bringen, das aus Dynamik, Stabilität und deren Organisation besteht, kann man das Segelboot als Beispiel nehmen. Das Segel steht für Dynamik, der Rumpf für Stabilität und das Steuer für Lenkung. Früher war es üblich, dass der Staat dem Militär die Rolle der Dynamik zudachte – das Militär brachte die Beute und die Feldherren wurden mit Schlössern belohnt. Der Faktor Wirtschaft mit Bauern und Handwerkern war die Grundlage für die Stabilität, wenngleich der Handel auch schon recht aggressive Aspekte ins System brachte. Heute ist dem Militär die Stabilität in der Rolle als Verteidiger zugedacht. Jetzt spielt die Wirtschaft die dynamische Rolle; ihren Führern fallen die Schlösser und Jachten zu.

Als der Krieg noch Mittel der Dynamik war, wurde das Problem des Bevölkerungswachstums auch gelöst; die Verlierer wurden in die Erde entsorgt. Der Hundertjährige Krieg (1337 bis 1453) reduzierte im Zusammenwirken mit den damals als Kriegsfolge unvermeidlichen Seuchen die Bevölkerung Frankreichs um ein Drittel. Die gleiche Reduktion bewirkte der Dreißigjährige Krieg (1618 bis 1648) im Raum Deutschlands. Der Krieg hat seine Rolle als „postnatale Abtreibung" erfüllt.

Solange das Problemfeld Sexualität und Fertilität nicht befriedigend gelöst wird, steht der Krieg immer vor der Tür und Gewaltlösungen sind nicht auszuschließen. Dabei ist nicht die Zahl der Menschen das entscheidende Problem, sondern deren Grad an Zivilisation (etwa die tägliche Nutzung eines Autos) oder deren Superzivilisation (häufige Teilnahme am Flugverkehr) mit ihren Verbräuchen.

Jedenfalls fördert die liberale Wirtschaft die Dynamik und damit die Problemlage.

Dass die mit hohem Standard lebenden Völker ihr Land nicht mit Armutsflüchtlingen teilen wollen, ist einsehbar; die Zahlenverhältnisse sind erschreckend. Dass aber nach wie vor die armen von den reichen Nationen, die dauernd das Menschenrecht im Munde führen, ausgebeutet werden, wäre vermeidbar.

Von den Funktionsweisen Kooperation, Selektion und Kreativität stellen die Linken zumindest theoretisch die Kooperation als Problemlöser dar; angesichts der partiellen Überbevölkerungsproblematik erscheint aber eine Lösung unter dieser Prämisse schwierig oder unmöglich. Für die politisch Rechten gilt die Selektion als probates Mittel; unter dieser Prämisse gilt die Vermeidung eines Zuzugs von Hungerflüchtlingen gerechtfertigt; die Raubbau-Wirtschaft schafft die Verhältnisse, die rechtsradikale Einstellungen wachsen lässt. Neben Kooperation und Selektion gibt es noch den Hoffnungsträger Kreativität. Sie ist derzeit fast nur für den wissenschaftlich-technischen Bereich wirksam; ihr Einsatz für den Bereich der Organisation ist derzeit schwach ausgeprägt.

Im Text habe ich lang und breit über die Verdrängung als gesellschaftliche Krankheit geschrieben; bei der Behandlung der Wirtschaft als dynamischen Faktor wird sie wieder relevant. Vor etwa hundert Jahren ist Mahatma Gandhi gefragt worden, wann denn Indien den Lebensstandard des Vereinigten Königreichs erreichen würde. „Die Briten nutzen dafür die halbe Welt", antwortete er, „damit Indien das auch bekommt, bräuchten wir zwei Welten". Mit diesem Satz hat Gandhi das angesprochen, was heute als das Problem des ökologischen Fußabdrucks gilt.

Die durch die Wissenschaft ermöglichte technische Entwicklung hat zu einer ungeheuren Steigerung der menschlichen Wirkkraft geführt; da diese nicht nur auf den Früchten der Welt, sondern vor allem auf dem Verbrauch der Welt aufbaut, ist ihr Ende absehbar. Die Frage taucht auf: Wie schlecht müssen die Menschen und ihre Verantwortungsträger sehen, um das nicht zu sehen?!

In Russland etwa, das wirtschaftlich so schwach ist, dass es nur vom Ausverkauf seines Landes lebt, also nur vom Verkauf seiner Bodenschätze und an einem Verlierertrauma leidet, greift sein Präsident auf die an sich überholte Strategie des Beutekrieges zurück, um durch Eroberung an Macht und Sicherheit zu gewinnen. Weil Russland im ökonomisch geführten Kampf um die Verteilung der Ressourcen nicht gewinnen kann, hat Putin die militärische Version gewählt. Nach dem in der Zivilisation verbreiteten juristischen Denkmuster, das nur Verurteilung, Rechtfertigung oder Entschuldigung kennt, bleibt für dieses Verhalten nur Verurteilung übrig; ob es zu einer Einweisung in eine Anstalt für geistig abnorme Rechtsbrecher käme, würde ein Psychiater entscheiden.

Im Repertoire des menschlichen Denkens gibt es aber auch die Möglichkeit des Verständnisses. Das würde aber unser eigenes Verhalten involvieren und wäre unangenehm, weil es auch bei uns eine Systemumstellung erfordern würde. In einem System, das auf Wettbewerb ausgerichtet ist, müssen die Sieger immer damit rechnen, dass es auch Verlierer gibt, die möglicherweise irrational und inhuman handeln. Mit seinem Angriff auf die Ukraine hat Putin eine schwere Verletzung des Völkerrechts begangen; er hat aber nicht ohne Vorbild gehandelt. Als Fidel Castro den legalen Präsidenten Kubas Batista vertrieb, versuchten die USA durch einen Angriff in der Schweinebucht, diese revolutionäre Entwicklung zurückzusetzen. Der Versuch Putins, die Vertreibung Janukowytschs als legalem Präsidenten der Ukraine rückgängig zu machen, ist dem amerikanischen Vorgehen in Kuba nicht ganz unähnlich, wenn er auch weit darüber hinausgeht. Auch der Angriff einiger NATO-Staaten auf den Irak im dritten Golfkrieg im Jahr 2003, der sich bloß auf erfundene Gründe bezog, gab Putin nur ein Argument, aber weder eine Entschuldigung noch eine Rechtfertigung. Verrückte Zeiten bringen verrückte Führer an die Macht.

Nachdem die Zeit des fröhlichen Wirtschaftswachstums ihr Ende findet, zeichnet sich die Kontur jener Länder ab, die Verlierer sein werden. Es sind alle Länder, die bisher keine „gesunde" Wirtschaft haben und durch den entwickelten weltweiten Wettbewerb wenig Chance haben, eine zu entwickeln. Der autoritäre Führungsstil, der in Russland noch als Erblast herrscht, ist eine der Ursachen der Schwäche im Kampf um den Anspruch der Regierung auf Mitwirkung der Bevölkerung; durch ihren Widerspruch geht viel Kraft verloren. Als Opfer seines Erziehungssystems kennt Putin seinen Anteil am Dilemma wahrscheinlich nicht und sucht nach einem Ausweg seiner Art.

Die weltweite Spannung, auf die Verrückte auf ihre Art reagieren, geht von dem modernen Wirtschaftssystem aus. Der von Muslimen verübte Angriff auf das World Trade Center und der Angriff Russlands auf die Ukraine sind auch Symptome einer nach einem harten Wettbewerbssystem geführten Weltwirtschaft, die in Europa entwickelt worden ist. Das System ist den Europäern entglitten und blüht im Kampf zwischen den USA und China weiter.

Der Kapitalismus hat den Kommunismus in der Sowjetunion besiegt und hat sich dort mit seinen Oligarchen und in China als wirtschaftliche Denkweise in Führung gebracht; wenn er weiter besteht, wird er auch den menschlichen Lebensraum besiegen. Nur, wenn es im Wettbewerb um nichts geht, bleibt er

Spiel; geht es aber um Lebens- und Überlebenschancen, wird er zum Kampf.

Da Russland im Zweiten Weltkrieg als Sieger hervorgegangen ist, ist es zu keiner „Aufarbeitung" der mentalen Struktur der Bevölkerung gekommen; der autoritäre Führungsstil hat sich erhalten. Im Krieg gegen die Ukraine sind die Russen nicht nur Opfer, sondern auch Täter.

Wenn auch die sogenannte „Aufarbeitung" der nationalsozialistischen Vergangenheit Deutschlands und Österreichs auch durch äußeren Druck ausgelöst wurde, so ist sie sehr wohl durch die Mitwirkung dieser Völker ziemlich erfolgreich gewesen. Wesentliche kulturelle Wandlungen bedürfen nicht nur der Einsicht, sondern auch eines Strukturwandels in der Erziehung. Sinkt die Zahl der notorisch kämpferischen Bürger, so erhöht sich die Immunstärke gegen die Kräfte, die unnötige Kriege vom Zaun brechen wollen.

Frieden ist ein hochaktiver umfassender Prozess, dessen Erhaltung bei lethargischer Verdrängung unmöglich ist. So ist es im Krieg gegen die Natur; solange jemand mit einem überdimensionierten Auto über die Straßen pflügt, kann er sich als Sieger fühlen und kann erfolgreich verdrängen, dass der Kampf gegen die Natur schon verloren ist. Und wer sich schichtbedingt an seinen Höhenflügen im Flieger erfreut, der muss denen unten die Autofahrt möglich machen, damit diese nicht wie die Gelbwesten in Frankreich den Aufstand üben.

Für Kinder ist der Wettbewerb wichtig, um ihre Entwicklung zu fördern; für Jugendliche ist er notwendig, damit sie sich optimal in die Gesellschaft eingliedern können. Eine Gesellschaft allerdings, die wie unsere auf ungehemmten Wettbewerb setzt, gefährdet die Demokratie nachhaltig.

10 d)
Das Problem mit der Leistung

Es sollte aber nicht zu spät sein, das Wirtschaftssystem zu diagnostizieren und zu versuchen, es zu therapieren. Der gesellschaftliche Wert einer Leistung ergibt sich nicht als das mechanische Ergebnis des Wirtschaftsprozesses; Leistung kann nur das sein, was in einem geistigen Prozess als Leistung anerkannt wird. Das aktuelle Wirtschaftssystem misst Leistungen – und zwar in Geld und damit falsch, wie das Ergebnis zeigt. Was Leistung ist, unterliegt einem Urteil, an dem es zu arbeiten gilt. Schon dem amerikanischen Präsidenten John F. Kennedy ist aufgefallen, dass das Bruttoinlandsprodukt auch wertlose und schädliche Leistungen wie Autounfälle als positiv wertet; heute besteht das als Bruttonationalprodukt (BNP) gemessene Wirtschaftsvolumen in den modernen Zivilisationen schon zu mehr als 50 % aus negativen „Leistungen"; sie sind umweltschädlich.

Hier könnte das Christuswort angewendet werden: „An den Früchten sollt ihr sie erkennen!" Und wenn das Christuswort richtig ist, sollten seine Anhänger ihr Leistungsverständnis überdenken. Wer das Leistungsprinzip nur als das Wechselspiel von Arbeitgebern und Arbeitnehmern oder als das Ergebnis auf der Börse sieht, ist schwer kurzsichtig; die Wirkung der sogenannten Leistungen geht weit darüber hinaus und in die Natur hinein und ist Ursache für die schwersten Weltprobleme.

Wirtschaft ist nicht nur das Wechselspiel zwischen Menschen, wie es das herkömmliche Leistungsdenken annimmt, sondern ist immer auch ein Eingriff in die Welt; Leistungs- und Beutesystem sind heute teilweise deckungsgleich.

Als vor 300 Jahren Adam Smith die Marktwirtschaft erfunden hat, ging es vor allem um aktuell erzeugte Güter, die es zu verteilen galt. Heute sind es zu einem großen Teil Güter, die aus der Substanz der Welt geschnitten worden sind, die zukünftigen Generationen vor der Nase weggestohlen werden – und wir schreien nicht auf; auch die Bestohlenen schreien nicht auf. Der Staat müsste deren Interessen wahrnehmen – er tut es viel zu wenig.

Wenn man der Marktwirtschaft ökologische und soziale Aspekte abverlangen würde, würde sich zeigen, dass der menschliche Anteil der Leistung ziemlich klein ist; die Hauptlast trägt die Natur. Da aber die Männer ihren Wettbewerb wollen und nicht verzichten könnten, sollte man ihnen einen Männerspielplatz einrichten, diesen aber gut einzäunen. Die Entwicklung am Markt sollte so beschränkt werden, dass er die gesellschaftliche Entwicklung nicht schädigt. Die grundlegende Überlegung zeigt, dass „siegen" nur einer kann, „gewinnen" aber können alle. Wenn in einer begrenzten Welt ein Wirtschaftssystem zugelassen ist, das Siegen begünstigt, entstehen aus den ökologischen Voraussetzungen negative soziale Konsequenzen. Die Marktwirtschaft belohnt nicht nur Leistungen; in ihr entstehen auch Machtverhältnisse, die zur Unterdrückung führen.

Das Völkerrecht ist auf Frieden gepolt und damit ist das Militär in einen entsprechenden Rahmen eingeordnet; so sind stattfindende Kriege Entgleisungen in diesem Ordnungssystem.

Hingegen steuert das aktuelle Wirtschaftssystem direkt auf einen Kollaps zu. Manche Staaten haben die Notwendigkeit eines Systemwandels erkannt. Die kürzlich eingeführte CO_2-Steuer ist ein Ergebnis dieser Einsicht; ein umfangreicher Systemwandel steht allerdings noch aus. Der Wettbewerb verzerrt die Wahrnehmung des Wirtschaftsprozesses; die Wirtschaftsordnung selbst ist schon die Entgleisung der Vernunft. Während die menschliche Arbeit durch Steuern und andere Abgaben belastet wird, um den Staat zu finanzieren, ist die maschinelle Arbeit weniger belastet – diese Verzerrung wirkt sozial problematisch und ist ökologisch schädlich.

Die Maschine, die sich zum „Weltfresser" entwickelt hat, ist ein Äquivalent des Kapitals und wird in dem leider noch aktiven Wirtschaftssystem deshalb privilegiert. Während Güter, die aus menschlicher Arbeit entstehen, durch die Belastung mit Pensionsbeiträgen „sozial" sind, sind Güter aus maschineller Produktion „asozial"; sie leisten keinen Beitrag zum Ausgleich zwischen den Generationen. Die Idee, die Produktion mit Maschinen mit einer „Wertschöpfungsabgabe" so wie die menschliche Arbeit zu belasten, ist mit dem Wort „Maschinensteuer" denunziert und mit dem Hinweis auf die internationale Konkurrenz verhindert worden. Je mehr der Anteil der maschinellen Produktion am Wirtschaftsvolumen wächst, desto geringer ist der Anteil der Pensionsbeiträge, die den Arbeitern und Angestellten abgenommen werden können. Es ist damit kein Wunder, dass der Staat die Pensionskassen immer mehr aus dem allgemeinen Budget stützen muss.

Die durch die Maschinen „wegrationalisierten" Arbeitsplätze müssen anderwärtig ersetzt werden: Die „Industrialisierung" fördert das ökologisch schädliche Wachstum.

Dass diese einfache Kostenverschiebung im Generationsausgleich in der politischen Praxis immer wieder Erstaunen auslöst, ist erstaunlich. In einem Land aber, in dem die Menschen, die auf Kinder aufpassen, schlechter bezahlt werden als die, die auf Geld aufpassen, braucht einen aber nichts zu wundern.

Oft dient es der Sicherheit, sich mit anderen zu verbinden; die World Trade Organisation (WTO) ist die Einrichtung, die die Wirtschaft weltweit regelt; sie erschwert oder verhindert durch den von ihr vorrangig gestellten Wettbewerb allerdings einzelnen Staaten, ihre Wirtschaft zu ökologisieren und wirkt daher negativ.

Eine Analyse der Wirtschaftsverhältnisse zeigt ein absurdes Ergebnis: Der Kapitalismus als Spielart des freien Marktes ist dominante Wirtschaftsform und wehrt sich vehement gegen staatliche Eingriffe; er lässt sich aber durch ein zentralwirtschaftlich geführtes System durch den Staat verteidigen, nämlich durch die Streitkräfte der Vereinigten Staaten von Amerika. Trotz der den Menschen in die Wiege gelegten geistigen Qualitäten „Sensibilität" und „Rationalität" ist dieser Widerspruch bisher ziemlich unbemerkt geblieben.

Jedenfalls kann im freien Spiel der Kräfte weder dem Unternehmer noch dem Konsumenten die Übernahme der Verantwortung für die gesellschaftliche Entwicklung überlassen werden; derzeit ist es der Staat, der diese Verantwortung übernehmen sollte. Ohne seine Einwirkung funktioniert die aktuelle Verteilung – also die soziale Dimension – kaum; die Verteilung in die Zukunft hinein – die ökologische Dimension eben – überhaupt nicht.

Im Interesse des menschlichen Lebensraumes ist es höchst an der Zeit, den wild wuchernden Kapitalismus einzufangen und ihm seine Dynamik zu nehmen – ihm wurde mit dem World Trade Abkommen (WTO 1993) mit der Aufhebung der staatlichen Grenzbarrieren für das Kapital viel zu viel Freiheit gegeben; damit haben die Staaten gegenüber dem Kapital auf die Steuerhoheit verzichtet. Je weiter die Einkommensschere offen ist und je weniger der Staat durch seine Steuergesetze dagegen tut, desto schwieriger ist es, die zerstörerische Wirtschaftsdynamik einzuschränken.

Mit dem Beispiel „Sowjetunion" argumentieren die Liebhaber und Nutznießer der freien Wirtschaft, eine zentralistische Führung wäre nicht wirtschaftstauglich. Dagegen sind drei Argumente anzuführen: Auch nach der Wandlung zum Kapitalismus haben sich die wirtschaftlichen Verhältnisse in Russland nicht gebessert; die großen Unternehmen in der freien Wirtschaft agieren zentralistisch; die Streitkräfte funktionieren nur, wenn sie zentral geführt werden. Ohne viel Aussicht auf bessere Lebensverhältnisse entwickelt sich die Nationalstaaterei gegen die Übermacht des Kapitals als Symptombekämpfung; eine Ursachenbekämpfung wäre aber günstiger.

Aufgrund der Erfahrungen mit dem Sowjetkommunismus wird man für blind gehalten, wenn man die Ideenwelt des Marx für vernünftig hält; das Problem der Politik würde sich besser verstehen lassen, wenn man erkennt, dass sowohl der Kapitalismus à la Amerika als auch der Kommunismus à la Sowjetunion eine stark imperialistische Schlagseite haben. Russland hat mittlerweile erkannt, dass der gelebte Pseudomarxismus nicht funktioniert und lebt nun einen imperialistischen Nationalismus.

Der Imperialismus in Ost und West ist das Problem, ein friedfertiger Nationalismus wäre es nicht; der nun vielfach aufkommende Nationalismus trägt leider den Makel, imperialistisch zu sein. Der österreichische Nationalökonom Leopold Kohr initiierte die Formel „global denken – regional handeln."

Innerhalb des engen Horizontes eines Jagdgebietes hat man schon erkannt, dass nicht der bessere Schütze den wertvolleren Beitrag bringt, sondern der Jäger, der das Wild gut hegt. Für diesen Paradigmenwechsel hat die geistige Sprungkraft allerdings noch nicht ausgereicht, den engen Horizont des Sichtbaren zu überspringen und ein entsprechendes Gefühl für die Weltwirtschaft zu entwickeln. Der Horizont bildet die Grenze für die Wahrnehmung durch das Auge; das Denken könnte die Enge des Horizonts überwinden.

Der Volksmund benennt dieses Phänomen, das so stark ins Wirken gekommen ist, mit den schlichten Worten: „Aus den Augen – aus dem Sinn, Annemaria Fiedlerin."

Dass das Sichtbare eine stärkere Wirkkraft hat als das Unsichtbare, lässt sich aus manchen Wahlergebnissen ablesen. So bekommt eine Partei, die vor der Zunahme der Kopftücher auf den Straßen und vor Windkraftwerken in der Landschaft warnt, an die 25 % der Wählerstimmen; und die Partei, die vor dem Hitzeschild in der Atmosphäre warnt, kaum 10 %. Das Gesehene löst offensichtlich eher Emotionen aus als das zu Denkende. Erst wenn dagegen ein Mittel gefunden sein wird, könnte die Zukunft eine Chance bekommen, der Natur die Möglichkeit zu geben, den Menschen eine friedliche Heimat zu sein. Vielleicht kann schon die Nennung des Phänomens einen Anstoß geben?!

10 e)
Ein Problem mit der Macht

Positionen, die ein Machtpotenzial haben, sind attraktiv für Persönlichkeiten mit übersteigertem Machtbedürfnis. In einer Welt, in der autogenes Selbstbewusstsein nicht als selbstverständlich vorausgesetzt werden kann, sondern immer wieder Menschen mit überkompensiertem Minderwertigkeitsgefühl in Führungspositionen drängen und auch vorrücken können, sind Freiheit und Frieden immer bedroht.

Als Grundtugend der Demokratie gilt die Einsicht, der Andere könnte auch recht haben; um dieses Prinzip zu erhalten und Machtmissbrauch einzelner zu verhindern, schützt sich die Demokratie institutionell durch die Trennung der Staatsgewalten in Gesetzgebung, Verwaltung und Gerichtsbarkeit sowie durch eine freie Presse. In den USA hat unlängst erst das institutionelle Sicherheitssystem gerade noch gehalten, um nicht in eine Diktatur zu kippen. Sowohl in der Demokratie als auch in der Diktatur ist Menschenkenntnis substanziell wichtig, um Machtmissbrauch zu verhindern und potenzielle Diktatoren schon auf dem Weg zur Macht einzubremsen. Diktaturen werden von Leuten gemacht, die meinen, nur sie hätten Recht und die ihre Macht für wichtiger halten als das Wohlergehen ihres Volkes.

10 f)
Ein Problem der Interpretation

Charles Darwin hat die Entwicklung des Lebens als evolutionären Prozess beschrieben; indem er nicht der Kreativität und der Kooperation, die dem Leben innewohnen, sondern der Selektion die entscheidende Bedeutung für die Entwicklung gegeben hat, hat er die Interpretation als „Sozialdarwinismus" eingeleitet, obwohl er es so nicht gemeint hat. Dadurch haben manche das Leben als Kampf aller gegen alle interpretiert. Insbesondere die menschliche Gemeinschaft muss aber nicht auf diese Art gelebt werden. So wie Darwins Lehre durch eine unvollständige Benennung auf ein unangepasstes Nebengleis geführt hat, wurde die Marx'sche Lehre ein Opfer der fehlerhaften Nebenäußerungen in seiner im Kern humanen Philosophie. Lenin und Stalin nahmen das Wort von der Diktatur des Proletariats heraus, vernachlässigten den Humanismus, der Marx als Hauptidee galt, und nützten die Idee der Internationalisierung zur Machtentwicklung der Sowjetunion. Die ursprüngliche Idee ist so zu einem totalitären Nationalismus pervertiert.

In Russland hat zwar der Kapitalismus den Kommunismus besiegt; weil der totalitäre Erziehungsstil aber noch nicht überwunden und ein demokratisches Bewusstsein noch nicht ausreichend entstanden ist, greift es auf den nächsten schon bekannten totalitären Fundamentalismus zu und das ist ein kämpferischer Nationalismus. Der Präsident nimmt sich das Recht des Stärkeren heraus.

Da kommen wir wieder zur überholten Bibelinterpretation, die die Herrschaft ins Zentrum des Verhaltens setzt. Der Mensch solle über die Natur herrschen – dabei stellt sich heraus, dass die Natur die Stärkere ist. Letztlich nützt dem Menschen Stärke wenig; er sollte sich in die Natur einpassen, um angepasst zu sein. Da auch die Bibel als Narrativ ein Thesenbuch darüber darstellt, wie es sich mit dem Umgang mit der Natur verhält, zeigt sich die Notwendigkeit, allem Gesagten gegenüber kritisch zu sein. Jeder sollte versuchen, seine originären Geistesgaben Rationalität und Sensibilität zu nutzen und sowohl diesen als auch den überlieferten Geistesgaben kritisch zu begegnen.

Einer der Sätze, die nicht erst durch ihre Fehlinterpretation giftig werden, sondern schon bei wörtlichem Verständnis giftig sind, ist das Christus-Wort: „Wer nicht für mich ist, ist gegen mich." Diese zweidimensionale Betrachtung gesellschaftlicher Verhältnisse ist der Leitsatz für den Faschismus, weil er jeden Andersdenkenden zum Feind macht. Die geistige Inzucht, die das Christentum bis herauf in unsere Tage gepflegt hat, ist die Ursache ihrer Entwicklungsschwäche und das Denkmuster für alle Faschisten.

Die Yoga-Philosophie empfiehlt, die gesellschaftlichen Zustände zumindest als Dreiheit zu verstehen; sie führt neben „Schwarz" und „Weiß" auch die Kategorie „gemischt" ein und entschärft damit den Widerspruch. Die Einteilung der Sicherheitspolitik in militärische, soziale und ökologische, die ich oben dargestellt habe, geht auf den Gedanken der Trinität zurück.

Ein Beispiel für die ältere christliche Auffassung bietet der aktuelle russische Präsident, der alle, die nicht für Russland sind, für Feinde und Faschisten hält. Die Lebensgeschichte des Begründers dieser Religion zeigt allerdings keine faschistoide Grundhaltung. Die deutsche Kultur kannte den Spruch: Hat; „erstes Kind: Schreikind; zweites Kind: Streitkind; drittes Kind: Spielkind." Ab der Zahl ‚Drei' wird ein Mehrheitsprinzip möglich.

10 g)
Rückkehr zum menschlichen Maß

Da sich die Yogis bemühen, sich und die Welt zu beobachten, sind sie darin geübt, reale Tatsachen und bloße Ideen voneinander zu unterscheiden; nur was im Augenblick geschieht, ist Tatsache; alles andere ist Idee. Dadurch kommen die bewussten und die unbewussten Eindrücke einander näher; da sich das normalerweise Unbewusste oft in Bildern oder Mythen zeigt, ist es auch da wichtig, diese Sprache zu verstehen. So können wir verhindern, Tatsachen und Konzepte miteinander zu vermischen und zu verwechseln.

Zweck der Meditation ist, Impulse aus dem Unbewussten zu empfangen; die yogische Meditation gibt die Richtlinie, diese Impulse nicht mit weiterführenden Gedanken zu belasten und damit zu verfremden. In einer Meditation gewonnene Erfahrungen haben erhöhte Wirkkraft; daher ist es wichtig, gewöhnliche Gedanken nicht als Trittbrettfahrer zuzulassen. Man kann sich etwa frei und erlöst fühlen und sich dieser Euphorie erfreuen; einen Erlöser mitzudenken, sollte man aber vermeiden. Außerhalb dieser Sonderfunktion des Gehirns darf man wieder alles denken. Und da drängt sich der Gedanke an die Manie auf, die euphorisch erlebt wird. Bleibt die Manie unkontrolliert, so führt sie zu überschießenden Handlungen, die schlechte Folgen haben können.

Dabei sind es nicht nur religiöse und pseudoreligiöse Erfahrungen, die Manien auslösen können. Der Gedanke, einen Gott zu haben, der bei Bedarf auch hilft, ist gewiss sehr angenehm; man muss nur aufpassen, ihn nicht überzustrapazieren. Auch menschliche Erfindungen und Entdeckungen können Manien auslösen; die Entwicklung der friedlichen Nutzung der Atomenergie führte viele dazu, an eine unendliche Versorgung der Menschen mit Energie zu glauben und die Aufklärung als Ganze verführte zum Wahn, der die menschliche Kreativität offensichtlich überschätzt. Ein wichtiger Impuls der klassischen griechischen Philosophie ist, an die Orientierung am menschlichen Maß zu erinnern.

Interessant ist die Einschätzung Gottes, der in vielen Kulturen als Ursprung allen Seins mythisch wahrgenommen wird. Die Juden hielten ihn für rachsüchtig, die Christen halten ihn für barmherzig. Da es sich bei ihm um den Schöpfergott handelt, der wohl auch für die Umwelt für zuständig zu halten ist, ist den Juden eine exaktere Sensibilität zuzurechnen: Gott ist insofern rachsüchtig, weil die Natur zwar langmütig ist, aber nicht verzeiht. Für Christus, der die menschliche Gesellschaft repräsentiert, ist Barmherzigkeit eine vorbildliche Eigenschaft. Dieses Schema gäbe eine gute Anregung, das gesellschaftliche Zusammenleben zu verstehen; unserer Kultur ist allerdings dieses Verständnis entglitten.

Obwohl GOTT nach jüdischer und christlicher Lehre für den Ursprung des ganzen Kosmos gehalten wird, befassen sich diese beiden Religionen nicht weiter damit, negieren ihre Abhängigkeit von der Natur und wenden sich gleich einmal den Menschen zu. JHVE ist eine personifizierte Corporate Identity für das jüdische Volk, wodurch seine Aufgabe definiert ist.

Der christliche Gott ist an sich für alles zuständig; sein Wesen ist aber auf einer so hohen Abstraktionsstufe vorzustellen, dass diese Funktion als Einheit offensichtlich höchstens von ein paar wenigen verstanden wird und kaum emotionalisiert. Sein Idealbild, wenn es das auch nur abstrakt gibt, wäre die Vorstellung von Ursache und Wirkung des Kosmos und mit ihm der Welt; als sein Realbild bleibt eine Großvaterfigur mit Bart übrig, die am ehesten dem Bild eines Patriarchen entspricht. Es ist einfach so, dass die Menschen aus einer Stimmung heraus eine Bezeichnung geben; so liegt nahe, dass das, was höher ist als man selbst in einer patriarchalen Gesellschaft als Vater benannt wird. Der Begriff kann Jahrhunderte überdauern; die ursprünglich gemeinte naturbezogene Vorstellung als allmächtiger Schöpfer der Welt kann aber damit kaum noch ausgelöst werden. Die aufgeklärte Gesellschaft, die in die Pubertät geraten ist, lässt sich von diesem Begriff nicht mehr berühren.

Das inflationäre Größenempfinden hat aber nicht nur stattgefunden, weil die Vorstellung abstrakter Begriffe ohne entsprechende Übung schwierig ist; die Kirche hat auch selbst zur Inflation beigetragen. Die Rolle des Apostels Petrus und der Päpste als seine Nachfolger als Schlüsselverwalter ist noch einleuchtend, denn jede inspirierte Person kann auf die Emotionen der Menschen einwirken, sie lösen und schließen. Den Portier aber gleich zum Stellvertreter des Generaldirektors zu installieren, wie es die Katholiken machen, hat sich nicht bewährt. Der Portier hat dadurch zwar etwas an Prestige gewonnen, die Position des Chefs hat aber massiv gelitten. Das Judentum ist nicht so weit gegangen und hat Stellvertreter Gottes installiert, es begnügt sich mit Propheten, die gemeinsam die Religion entwickelt haben. Eine starke Rolle hat sich der Prophet Mohammed als Begründer des Islam auf den Leib geschrieben.

Das Unbewusste wirkt ins Denken und Handeln hinein. Wer sich wie die Religionen mit dem Unbewussten beschäftigt, muss mit ziemlich unsicheren Informationen im Empfang und in der Weitergabe rechnen. Die Inhalte sind Emotionen, die Transportmittel sind Symbole und „Gleichnisse". Christus hat das Bild der Familie genommen, um seine spirituelle Position darzustellen. Die junge Kirche hat dieses Modell genommen und hat es über das Patriarchat zu einer autoritären und zeitweise sogar zu einer totalitären Gesellschaftsform weitergeführt. Hätte die Kirche auf das Leben ihres Gründers gesetzt, hätte auch eine demokratische Gesellschaftsordnung herauskommen können. Alle Erwachsenen waren einmal Kinder; und viele von ihnen hatten gute Väter, die sie beschützten. Das Christentum nahm diese Erfahrung und prolongierte dieses Gefühl über die Zeit der Kindheit hinaus.

Indem Christus den Menschen einen sorgenden Vatergott versprochen hat, schaffte er damit die größte Religion der Welt und eine bisher sehr erfolgreiche Kultur. Die Juden sahen die Sache schon kritischer; ihrem Gott rechneten sie die Schöpfung der Welt zu; sie erkannten aber resigniert, dass er ihnen bei ihren persönlichen Problemen nicht half. Sie erklärten sich das so, dass er nach sechs Tagen Schöpfungsarbeit einen Ruhetag eingelegt hat; und es gibt keine Anzeichen, dass dieser Ruhetag sein Ende gefunden habe.

Die angeregte Dynamik im Christentum war anfangs durch die Angst vor Hölle und Teufel eingeschränkt; aber nachdem die beiden Bremsfaktoren durch die Aufklärung wegrationalisiert worden waren, kam das System außer Tritt und es explodierte die Verantwortungslosigkeit. Die Religionen schöpfen aus dem Unbewussten und greifen auf dieses zu. Das Unbewusste wirkt aber auch bei denen, die meinen, rational zu sein; sie werden weiterhin von Emotionen gesteuert. Die Befriedigung der Wünsche lässt sich durch Spiritualität aber nicht mehr auf den Himmel ableiten; sie sollen materiell befriedigt werden. Um in der gewohnten Fortschrittsdynamik zu bleiben, ersetzt die Kurzsichtigkeit das Gottvertrauen.

Der römische Kaiser Konstantin, der der Glaubenslehre des Apostels Paulus gefolt ist, ließ im Jahr 325 im Konzil von Nicäa den Glauben an Christus als die dominante Regel für die nunmehr romanisierte Kirche setzen. Für Konstantin war es wichtig, eine geistige Basis für die militärische Führungskraft einzuführen. Die Gnosis als Erkenntnissuche wurde zurückgedrängt. Militärische Führung im Krieg braucht Eindeutigkeit; diese zu akzeptieren, sollten die Gläubigen in ihrer Religion einüben. Für Soldaten im Einsatz, die täglich Gefahr laufen, jung zu sterben, ist die Fähigkeit zu verdrängen positiv zu verstehen; Angst würde ihnen das Leben verderben. Der Glaube an den Himmel hilft jedenfalls, die Gefahr leichter auszuhalten. Konstantin merkte, dass die Soldaten, die im Zeichen des Kreuzes standen, besser kämpften; er ließ eine Fahne mit einem Kreuz voraustragen und machte solcherart Christus zu einem Kriegsgott.

Die Christen vor der konstantinischen Wende negierten die Sklaverei, die im Römerreich wesentlicher Teil des Wirtschaftssystems war. Auf einen Gott mehr oder weniger kam es den Römern nicht an; den Angriff auf die Sklaverei bekämpften sie aber, indem sie die Christen verfolgten. Nach der Wende spielte der Widerspruch der beiden Gesellschaftssysteme keine Rolle mehr; die Christen haben sich offensichtlich arrangiert und führten das Instrument der Sklaverei weiter – in Europa als Leibeigenschaft, in der Welt in einer härteren Variante.

Als bloße Himmelsidee ist dieser Glaube seinem Anspruch gewiss gerecht geworden; dass die Verdrängungstechnik allerdings unsere Kultur zu dominieren begonnen hat, stellt sich heute als Problem ein. Der ursprüngliche Zweck der Religion, zur Besinnung anzuregen, wurde ab nun im Interesse der militärischen Führung und der hierarchischen Reichsorganisation zurückgedrängt.

Dieser innere Wandel zeigt sich auch im äußeren Erscheinungsbild. Die Repräsentanten der Kirche erinnern an Tempelpriester; die Lebensform Christi zeigt hingegen eine Nähe zu den griechischen Philosophen wie Sokrates und Diogenes oder den Yogis, wie sie nach wie vor in Indien herumsitzen und herumlaufen.

Christus lebte ein egalitäres Leben; der Tenor seiner Äußerungen galt der Weisheit; Weisheit wurde sowohl in Griechenland und in Palästina gepflegt. Die Gesellschaftskultur im Römerreich war hingegen hierarchisch strukturiert und jedenfalls bei den Soldaten auf Gehorsam ausgerichtet. Deshalb wurde die Gläubigkeit eher angestrebt als kritische Philosophie mit ihrem Weisheitsstreben. Es gibt eher jüdische und griechische Weisheit als christliche. Im Christentum ging es im weiteren Verlauf eher um Heiligkeit. Den Krieg um den Erwerb der Kaiserwürde, den Konstantin geführt hatte, hätte Kirchenvater Augustinus, der hundert Jahre später gelebt und die Lehre vom „gerechten Krieg" entwickelt hat, nicht als gerecht durchgehen lassen.

Erst nach dem Schock, den der Zweite Weltkrieg ausgelöst hatte, erkannten die Europäer die Gefahr autoritärer und engsichtiger Strukturen; die Demokratiebewegung bekam einen Impuls, dem sich auch die christlichen Kirchen nicht entzogen haben. Die katholische Kirche reagierte mit dem Zweiten Vatikanischen Konzil, in dem sie ihren Absolutheitsanspruch zurücksetzte und nicht nur ihrer Mutterreligion, dem Judentum, sondern auch den anderen Weltreligionen einen Platz zugestanden hat.

Der Wandel zeigt sich in einem einfachen Beispiel: Papst Paul VI (der Pillenpaul) verbot in einer Enzyklika die künstliche Empfängnisverhütung; die Bischofskonferenzen von Österreich mit ihrem Erzbischof Kardinal König sowie die Schwestereinrichtungen von Deutschland und Skandinavien unterliefen die Vorschrift und legten die Entscheidung dem Gewissen der Gläubigen in die Hände. Nach einem Wiener Oberrabbiner weiß der Rabbi die Regel und der Oberrabbiner die Ausnahme; in diesem Fall setzte der Papst die Regel und einige Bischöfe erklärten die Ausnahme; mittlerweile scheint sie zur Regel geworden zu sein.

Der Staat gibt Gesetze, der christliche Gott setzt Gebote und Yoga verweist auf das Gewissen. Der aktuelle Papst scheint recht froh zu sein, die umstrittene Pille vom Tisch zu haben, denn unlängst erwähnte er die Vermehrungsrate der Kaninchen.

Da die Einschränkung der sexuellen Befriedigung nicht erwartbar ist, haben die Menschen nur die Wahl zwischen künstlicher Empfängnisverhütung, allfälliger pränataler Abtreibung oder natürlicher Beschränkung des Bevölkerungswachstums durch die „postnatale Abtreibung" im Krieg; die Chance auf Auswanderung ist schon sehr beschränkt. Der Nationalökonom Thomas Malthus (erste Hälfte des 19. Jahrhunderts) sah keine Chance, das Problem der Armut zu lösen außer durch Aushungerung; in der zweiten Hälfte des gleichen Jahrhunderts versuchten es die Sozialdemokraten durch Bildung mit durchschlagendem Erfolg; diese Methode braucht Bildung, die es weltweit allerdings noch nicht gibt.

Dass Heiligkeit Weisheit nicht notwendigerweise ausschließt, zeigt der Heilige Franziskus von Assisi, der auch die Natur auf seinem Bildschirm hatte. Trotz dieses Weisen ist der Schutz der Natur und damit des Lebensraums auch des Menschen lange vernachlässigt worden und tritt erst langsam ins Bewusstsein; das Thema ist lange außerhalb der christlichen Ethik geblieben. Wie viele Weise würde es brauchen, um die kritische Masse zu erreichen?

Auch das Himmel-Hölle-Theorem gilt als eine menschliche Angelegenheit; erst durch die körperliche Aufnahme der Jungfrau und Gottesmutter Maria (das päpstliche Dogma aus dem Jahr

1950) ist diese Vorstellung durchbrochen worden; es sind danach ein paar Kilogramm Mikroorganismen in den Himmel gekommen. Jedenfalls sind Himmel und Hölle Instrumentarien der autoritären Führung. Einem Demokraten ist es angemessener, eine Sache der Sache wegen zu tun und nicht wegen eines metaphysischen Lobs oder einer solchen Strafe.

Yoga legt so wie die Naturreligionen die Verbundenheit des Menschen mit der Welt – also mit der Natur – offen; die symbolische Darstellung der Wiedergeburtslehre regt die Identifikation des Menschen mit der Natur an und hilft vielleicht besser, den verrückten Weltverbrauch zu stoppen. Nach der Wiedergeburtslehre sind die Menschen von den Tieren und Pflanzen nicht grundsätzlich, sondern nur graduell verschieden. Was die Menschen mit der Natur machen, dürfen sie in einem späteren Leben ernten. Lassen sich mystisch erworbene Einsichten verhaltensrelevant ins Bewusstsein bringen?!

Die Einstellung, die von der Wiedergeburtslehre ausgelöst wird, entspricht jedenfalls der Evolutionslehre Darwins. In den USA schwelt der Konflikt zwischen Darwin und biblischer Offenbarung noch; in Europa herrscht ein religiöser Egalismus. Mich freut die Auseinandersetzung – ich glaube, dass sie nützlich wäre.

Das Himmel-Hölle-Theorem entspricht der Erfahrung der Nomaden. Sie suchen immer neue Weiden; das letzte „gelobte Land" wäre der Himmel. In Kulturen, die in Wüsten leben, stellt sich das Scheitern drastisch ein: Ist der Mensch vom rechten Weg abgekommen, so verbrennt er in der Wüste. Die Wiedergeburtslehre entspricht dem bäuerlichen Leben. Setzt man ein Jahr für ein Leben, so erlebt der Bauer jedes Jahr mit der Natur eine neue Geburt. Wird er alt und müde und ist er „lebenssatt", so kann er in Frieden entschlafen.

Mythen sind Instrumente, die dem Menschen helfen, sich dem Verständnis der Welt anzunähern. Man muss Mythen nicht ausrotten, sondern nur sorgfältiger anwenden. Der Gedanke der

Nachhaltigkeit gehört zum Naturverständnis, das der industrialisierten Menschheit so sehr fehlt. Über die Regel der Bibel „Von den Früchten sollt ihr Leben", die fürs Paradies gegeben worden ist, sollten wir nachdenken; heute leben wir massiv von der Substanz der Welt und entfernen uns vom Paradies.

Der Mythos ist also das Ergebnis einer gesellschaftlichen Einsicht oder aber auch das Transportmittel dieses Ergebnisses. An ihm lässt sich die Einstellung ablesen und verändern, wenn sie nicht mehr passt. So hat die europäische Aufklärung den patriarchalischen Führungsstil, wie ihn die Kirche vertreten hat, zur Disposition gestellt und hat die Demokratisierung eingeleitet. Der herrschaftliche Umgang des Menschen mit der Natur, der auf Imperialismus hinausläuft, wurde aber nicht berührt und nicht neu bedacht; der tradierte Mythos hat kein Herz für die Natur.

Die euro-amerikanische Kultur befindet sich wie in einer schlecht laufenden Pubertät, die ihre neu gewonnene Freiheit nützt, das ererbte Vermögen – nämlich den Reichtum der Natur – zu vergeuden. Kinder, die ihre individuelle Selbstentfaltung nicht erleben dürfen, leiden nach ihrer Befreiung entweder an Unterwürfigkeit oder an Egoismus oder sie leiden an autoritärem Verhalten. Es wäre für diese Kultur höchst an der Zeit, erwachsen zu werden, die pubertäre Überheblichkeit zurückzulassen und Verantwortung für das Leben insgesamt zu übernehmen.

Eine Demokratie braucht nicht von der Verantwortung entlastete Kinder, sondern Erwachsene, die ihre Verantwortung übernehmen. Dabei scheint es so zu sein, dass das bloße Verschwinden eines früheren Mythos nicht genügt, um auch das Verhalten auslaufen zu lassen, sondern dass es notwendig ist, ein neues Verhalten bewusst einzuleiten, woraus ein neuer Mythos entstehen kann.

Das von der Kirche geförderte kindliche Verhaltensmuster mit seinem Mangel an Verantwortungsübernahme haben die Menschen in die Aufklärung mitgenommen. Religion ist Besinnung – und auch einer Religion würde es guttun, sich zu besinnen. Meine Kritik am diffusen Christentum geht auf diesen Gedanken zurück.

Sowohl die Lehre von Himmel und Hölle als auch die der Wiedergeburt bleiben irrational und jedenfalls immateriell, wenn man sie wörtlich interpretiert. Nimmt man sie aber mystisch und interpretiert sie nach ihrem Sinn, so enthalten sie starke Aussagen.

Das Himmel-Hölle-Theorem entfaltet sich als Unterstützer für den autoritären Erzieher beziehungsweise Führer. Die Wiedergeburtslehre zeigt sich als emotionaler Vorläufer der Evolutionstheorie, die auch die verwandtschaftliche Beziehung aller Lebewesen postuliert.

Karl Marx hat die Religion seiner Zeit als das Opium des Volkes denunziert. Heute würde eine realistische Einstellung notwendig sein, die Produktion und Konsum (also das Wirtschaftsvolumen) reduzieren hilft.

Dafür besteht ein Bedarf nach einem Tranquilizer, der Aktivität reduziert und für einen Stimulizer für Erkenntnis, wobei der Letztere den Rückzug aus dem Ersteren möglichst ohne Verlust der Lebensqualität erlebbar machen sollte. Um dieses Ziel zu erreichen, ist Einsicht notwendig; ob sie aus einer Religion oder aus der Aufklärung kommt, ist gleichgültig. Die Identifikation des Menschen mit Gott ist eine gute Resilienz-Technik, birgt aber die Gefahr der Selbstüberschätzung.

11

Schlusswort

Der Dalai Lama hat in einem Vortrag die Religionen und die diversen Lebensführungsprogramme mit Kochrezepten verglichen. Manche sind gewohnt, manche sind schmackhaft, manche sind gesund und die jeweiligen Gegenteile gibt es auch. Uns steht eine Vielzahl von Möglichkeiten zur Verfügung. Die Religionen Judentum, Christentum und der Islam bieten jeweils fertige Menüs an, die vor Zeiten entwickelt worden sind und geglaubt werden sollen. Die Yogalehre will eine Kochausbildung vermitteln, bei der man lernt, frisch zu kochen. Der Buddhismus beinhaltet beide Dimensionen.

Im Leben gilt es, einigermaßen richtig zu entscheiden. Ein schlechter Autofahrer überholt, wenn er keinen Gegenverkehr sieht; ein guter Fahrer überholt nur, wenn er sieht, dass die Überholspur frei ist. Eine Kultur, in der die Menschen nur ihren individuellen Bedürfnissen nachlaufen und die gesellschaftlichen Notwendigkeiten grob vernachlässigen, ist geistig blind.

Um aus dieser kritischen Lage herauszukommen, sollte sich ein Weg finden; vielleicht kann man so vorgehen, wie es die Ärzte machen, und zwar mit Anamnese, Diagnose und Therapie. Als Anamnese habe ich die Entwicklung der Kultur des christlichen Abendlandes skizziert. Sie ist sehr erfolgreich und ist zur Leitkultur für einen großen Teil der Menschheit geworden. Diese Kultur bewährt sich aber nicht; sie schädigt den Lebensraum und gefährdet den Fortbestand auch des menschlichen Lebens. Als Diagnose zeigt sich eine Schizophrenie, die sich als Trennung des menschlichen Geistes in rationales Denken und sensibles Wahrnehmen äußert. Als Prozesse sind diese beiden verschieden, als Informationsquellen geben sie nur gemeinsam ein optimales Bild. Die Isolierung der Gläubigkeit als eigenständige Entscheidungsgrundlage hat sich wegen ihrer negativen Nebenwirkungen nicht bewährt. Als Therapie wäre ein Blick in einen Spiegel, der die Innenschau einleitet, anzudenken. Gläubigkeit trägt die Gefahr in sich, das Bewusstsein zu verengen; es geht aber um eine möglichst weite Schau und Bewusstseinserweiterung.

Mit dem Wandel des Christentums von einer Religion im eigentlichen Sinn – und der ist Besinnung – in eine Glaubensreligion hat es die Rationalität verlassen und die Gläubigkeit als Allheilmittel vorangestellt. Die Spiritualität als Technik, das Unbewusste zu öffnen, wurde von der Kirche zur Indoktrinierung eingesetzt und wurde als Herrschaftsmittel missbraucht; die Spiritualität ist aber ein Erkenntnismittel, das der Erschließung des eigenen Unbewussten dient. Und damit hilft es auch zum Verständnis der Anderen. Als mit der Aufklärung die Rationalität als anderer Faktor der Erkenntnistechnik des Menschen vorrangig geworden war, stand ihr die Spiritualität, deren Nutzung schon präokkupiert war, nicht mehr zur Verfügung; sie war zur Glaubensbildung eingesetzt worden. Die wissenschaftlich-technische Entwicklung ging wenig sensibel ans Werk; die Philosophie als Heimat der Weisheit hat darin versagt, die beiden Erkenntnismittel gemeinsam ins Spiel zu bringen.

Zur Therapie sind wir alle aufgerufen; ich versuche, meinen Beitrag damit zu stellen, indem ich der Gesellschaft dieses Buch anbiete. Die Sozialwissenschaften mögen daran arbeiten, das schwierige Verhältnis von Individualismus und Gesellschaftlichkeit so darzustellen, dass zwischen ihnen kein Widerspruch besteht, sondern eine Ergänzung. Von den Naturwissenschaftlern sind es schon viele, die über den Tellerrand hinausblicken und sich der Gesellschaft gegenüber verantwortlich fühlen. Im Interesse der Gesellschaft, die auf Dauer eingerichtet ist oder sein sollte, wäre es wichtig, die Ökonomie, die sukzessive die gesellschaftliche Steuerung übernommen hat, von ihrer Bindung an den Geldwert zu lösen. Geld ist kein Wertmaß, sondern nur ein Zahlungsmittel.

Die Religionen schließlich können sich besinnen und sich bemühen, der Besinnung als ihrem eigentlichen Zweck gerecht zu werden. Am Beginn ihrer Laufbahn muss eine Religion sowohl dem Wissen ihrer Zeit als auch den aktuellen Bedürfnissen genügen, ansonsten würde sie nicht reüssieren. Wächst eine Religion mit diesen beiden Ansprüchen nicht mit, wird sie alt und unfruchtbar. Während sich die Naturwissenschaften mit Fakten und Prozessen beschäftigen und von ihnen Objektivität verlangt werden kann, beschäftigen sich die Religionen, soweit sie lebendig sind, mit dem Wesen des Menschen, das weithin im Unbewussten liegt und subjektiv ist.

Naturreligionen verschaffen sich einen Einblick in die „Wissenschaft von der Seele" vor allem mit Hilfe der Spiritualität, die eine Sonderform des Bewusstseins ist. Glaubensreligionen greifen auf alte Erfahrungen zurück und scheitern oft an der Anpassung an die aktuelle Wirklichkeit. Immer sind es Emotionen, die unser Handeln auslösen. Da individuelle Wünsche nicht von vornherein sozial- und naturverträglich sind, ist die Dominanz des Individualismus, der unsere Gesellschaftsform dominiert, zu hinterfragen. Soll eine einigermaßen friedliche Welt gelingen, so ist es notwendig, die Welt als Einheit zu betrachten. Alles ist mit allem verbunden.

Weisheit ist dann im Spiel, wenn der Handlungsimpuls sowohl durch rationale Erkenntnis als auch durch sensible Einsicht ausgelöst wird. Da dieser Abgleich zwischen Rationalität und Spiritualität in unserer christlich-abendländischen Kultur individuell selten stattfindet, fehlt auch der Gesellschaft die notwendige Weisheit. Unsere Kultur nimmt billigend in Kauf, die Natur als unsere Lebensgrundlage im Interesse individueller Bedürfnisbefriedigung zu zerstören; diese Lebenshaltung ist das Ergebnis von Egoismus. Mit dieser individuellen Ausrichtung bleibt die Kultur weit hinter der Ausstattung zurück, die die Natur dem Menschen gegeben hat.

Die geistigen Fähigkeiten des Menschen umfassen ein weites Feld und reichen von dem einen Pol der Rationalität bis zum anderen Pol der Sensibilität, deren Zusammenarbeit vorgesehen ist. Im Interesse dieser Zusammenarbeit geht es nicht um maximale Nutzung dieser Fähigkeiten, sondern um optimalen Einsatz. Um diesem Anspruch zu entkommen, steht die Verdrängung zur Verfügung, die nicht nur ungewollt auftritt, sondern auch absichtlich eingesetzt werden kann. Die Kultur einer Gesellschaft wird wesentlich davon beeinflusst, ob die Rationalität, die vor allem im Bewusstsein angesiedelt ist, oder die Sensibilität, die vor allem aus dem Unbewussten schöpft, dominiert; die Harmonie beider wäre anzustreben.

Nicht von Anfang an, als Christus noch ein weites Kulturangebot gelebt hat, sondern erst im Laufe seiner frühen Entwicklung, als sich das Christentum durch seine „Verrömerung" in ein autoritäres Gesellschaftssystem rückentwickelt hat, beschnitt es sowohl den rationalen als auch den sensiblen Pol und verwandelte sich in eine strukturierte Glaubensreligion.

Lebensglück sollte für die Mehrheit der gewöhnlichen Bevölkerung als Vorfreude auf den Himmel im Rahmen der christlichen Gläubigkeit erlebt werden; für den Adel und die kirchliche Oberschicht war auch schon irdischer Hedonismus vorgesehen. Für die Erhaltung einer solchen Gesellschaftsform ist viel Verdrängung nötig; wahrscheinlich sind die Menschen in der christlich-abendländischen Kultur so sehr an Verdrängung gewöhnt, dass sie auch heute noch diese Technik so leichtfertig gegen besseres Wissen nützen. Der Kampf um die Teilnahme am irdischen Himmel hat die Gesellschaft blind gemacht gegenüber der Verantwortung der Gesellschaft. Dass wir Vorbild für die Welt geworden sind, macht die Sache doppelt schlimm.

Es macht den Eindruck, dass unsere Kultur wie in der Pubertät lebt. Der Jugendliche erfreut sich seiner Freiheit, denn er ist der kindlichen Bindung entwachsen; er ist aber auch noch nicht in die Verantwortung der Erwachsenen hineingewachsen. Für ihn ist die Welt unendlich und er hat keine Verantwortung für Kinder. Die Jugendlichen, die sich wehren, sind allerdings reifer als die Kultur.

Der Yoga empfiehlt einen differenzierten Umgang mit der Verdrängung: Um für eine Gesellschaft ein einigermaßen dauerhaftes Lebensglück anzupeilen, ist es gewiss erforderlich, die Möglichkeiten, die die Natur dem Menschen gibt, nämlich sowohl Rationalität als auch Sensibilität, auszuschöpfen. Da aber beide so verschieden sind, ist es nur über einen Umweg möglich, beide in ihrer Höchstform aktuell zur Verfügung zu haben, also weise zu sein.

In der Meditation trainiert der Yogi seine Sensibilität und versucht, sein eigenes Wesen zu erkennen und dadurch nicht ein ihm aufoktroyiertes Lebensmuster leben zu müssen. Für die Zeit der Meditation, in der der Einblick zur „inneren Steuerung" erschlossen werden soll, ist es wichtig, seine Gedanken zu verdrängen und auf Rationalität zu verzichten. Bei der Entwicklung der Rationalität hingegen sind Gefühle, Empfindungen und Emotionen wie Wünsche und aufkommende Bedürfnisse störend. Es ist möglich, sowohl die Rationalität als auch die Sensibilität getrennt zu entwickeln und sie gemeinsam einzusetzen. Dafür ist es erforderlich, die Emotionalität als Energie zur Durchsetzung der gewonnenen Erkenntnisse zuzulassen. Sind Rationalität und Sensibilität auf einem gehobenen Standard, gilt es, sie in die Synthese zu führen. Einen solchen Zustand braucht es, um unser Leben und die Welt in Einklang zu bringen. Yoga stellt diesen Prozess vorrangig.

Eine Kultur wie unsere, die die Zerstörung der Lebensgrundlage betreibt, als fehlerhaft zu erkennen, wäre der erste Schritt; notwendig wäre natürlich auch, Wege aus der Krise zu suchen und sie zu gehen. Um dies zu bewerkstelligen, ist die Förderung der Sensibilität nötig, Bewusstsein steht im Zentrum, nicht Gläubigkeit.

Ein Teil dessen, wie ich mich entschieden habe und die Gründe dafür sowie etwas von dem, was ich gelernt habe, stehen im Text. Wenn ich jünger wäre, hätte ich mit der Veröffentlichung eines Artikels mit grundlegenden Aussagen noch gewartet und auf bessere Einsicht gehofft – ich wünsche mir einen kritischen Leser, der allfällige Fehler oder Mängel bemerkt und verbessert. Ich hoffe jedenfalls, etwas Vernünftiges auf der Erde zurückzulassen und möchte mich damit der Welt gegenüber für ein interessantes Leben dankbar zeigen.

Ich verdanke meiner Frau, die begeisterte Abenteurerin war, dass ich auf vielen reisen mein Fernweh ausleben und nachhaltig stillen konnte; meine Frau ist im Jahr 2020 gestorben. Mit den Reisen nach Indien erlebte ich eine andere Welt, mit der Rückkehr erlebte ich mich als anderen Menschen. Das Leben vorher erschien wie hinter einem Schleier. Die realen Erlebnisse werden wohl auch zu dieser Wandlung beigetragen haben; der Blick ins Innere, den die Yogapraxis auslöst, wird aber wohl die Hauptrolle spielen.

Innerhalb einer Zeit von zwölf Jahren machten wir die Ausbildung zu Yogalehrern. In dieser Zeit hat unser Guru einer seiner Schülerinnen – einer Inderin – sein ganzes Wissen weiter geben können; sie hat nach seinen Worten ‚Erleuchtung‘ erreicht.

12

Literatur

Bauer, Joachim: Das kooperative Gen. Abschied vom Darwinismus; Hoffmann und Campe (2008), ISBN 978-3-455-50085-1.

Hüther, Gerald; Roth, Wolfgang; von Brück, Michael: Damit das Denken Sinn bekommt. Spiritualität, Vernunft und Selbsterkenntnis. Mit Texten des Dalai Lama; Herder (6. Aufl. 2010), ISBN 978-3-451-05984-1.

Liesbeth, André van: Yoga für Menschen von heute, Körperübungen; Mosaik Verlag GmbH München (1999), ISBN 978-3-442-16164-5.

P.Y. Deshpande (Hrsg.): Patanjali – Die Wurzeln des Yoga. Die klassischen Lehrsprüche des Patanjali; Otto Wilhelm Barth Verlag (8. Aufl. 2010), ISBN 978-350-261116-5.

Mylius, Klaus (Hrsg.): Die Bhagavadgita – Des Erhabenen Gesang (aus dem Sanskrit); Deutscher Taschenbuch Verlag (1997), ISBN 978-3-423-12455-3.

Joseph Campbell (Hrsg.); Heyer-Grote, Lucy: Heinrich Zimmer – Philosophie und Religion Indiens; Suhrkamp Verlag (1973), ISBN 978-3-518-27626-6.

Pinkas, Klaus: Yoga als klassische Aufklärung; BoD Verlag (2017), ISBN 9783744803489.

Pinkas, Klaus: Der andere könnte auch recht haben. Demokratie im Kulturvergleich; novum Verlag (2021), ISBN 978-3-99131-039-6.

Die besuchte Yogaschule:
Yoga Niketan, Rishikesh, Utar Pradesh, India

Gründer der Schule: Yogeshwaranand Saraswati ji Maharaj
Seine Bücher: Science of Soul, Himalaya ka Yogi etc.

Website: www.yoganiketan.org
Email: info(at)yoganiketan.org

E-Mail des Autors:
klaus.pinkas(at)a1.net

Der Autor

Klaus Pinkas wurde 1940 in Graz geboren und besuchte die Handelsakademie, die er allerdings wegen fortschreitender Erblindung abbrechen musste.
Es folgten die Handelsschule und eine Ausbildung
zum Stenotypisten an einem Blindeninstitut. 1961
trat er in den Dienst des österreichischen Bundesheeres ein. Nach der Matura im zweiten Bildungsweg folgte ein Jus-Studium mit anschließender
Promotion.
Sein Leben nachhaltig beeinflusst hat seine Begegnung mit dem Yoga, das er u.a. in Indien studierte.
Von 1976 bis 2001 gab er sein Wissen als Yoga-
Lehrer an einer Volkshochschule in Wien weiter.
Außerdem war er als Meinungsforscher beim
Heerespsychologischen Dienst sowie zuletzt als
Forscher für den sozialwissenschaftlichen Bereich
an der Landesverteidigungsakademie bis ins Jahr
2002 tätig. Nach „Der andere könnte auch recht
haben" (2021) ist dies bereits die zweite Veröffent-
lichung des Autors im novum Verlag.

Zuschriften an: klaus.pinkas@a1.net

Klaus Pinkas

Der andere könnte auch recht haben

Demokratie im Kulturvergleich

ISBN 978-3-99131-039-6
184 Seiten

Religion sollte die Besinnung fördern; durch ihre Reduktion auf Gläubigkeit hat das Christentum aber nur unzureichend gewirkt, sodass die vorwiegend rationale Aufklärung in eine technische Sackgasse geführt hat, an der zukünftige Generationen leiden werden.